ÈRES :
T

et d'une baleine ; un

à une chauve-souris.

exactement comme

nc en commun ?

AFRIQUE Dans les sables brûlants, entre dunes et oasis

AFRIQUE Dans la mer d'herbe des savanes infinies

AFRIQUE Au cœur des forêts à cheval sur l'équateur

AFRIQUE Sur l'île des lémuriens

ASIE Entre jungles et marécages de la péninsule Indienne

ASIE Dans le cœur sauvage du continent

ASIE Dans le mystérieux des forêts tropicale

OCÉANIE Sur la terre des marsupiaux

LES MAMMIF
PORTRA

Un lion est très différent d'une souris
kangourou ne ressemble vraiment pas
Pourtant, tous sont des mammifères,
nous, les humains. Qu'avons-nous do

Sommaire

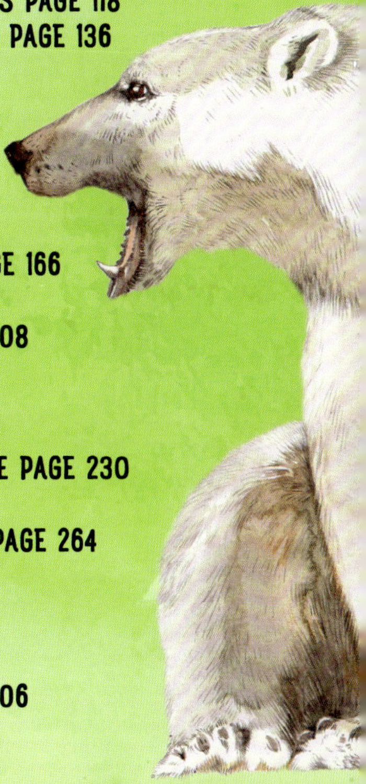

GUIDE DES MAMMIFÈRES DU MONDE

nuinui jeunesse® EST UNE MARQUE DÉPOSÉE ET ENREGISTRÉE DE NUINUI SA
CHEMIN DU TSAN DU PÈRI, 10 - 3971 CHERMIGNON - SUISSE

COORDINATION ÉDITORIALE : LAURA ACCOMAZZO
PROJET GRAPHIQUE : SIMONA DELL'ORTO/GAP
CONTENUS MULTIMÉDIA : PAOLO BIANO
SÉLECTION VIDÉO : CESARE DELLA PIETÀ
TRADUCTION : CÉCILE BREFFORT
DÉPÔT LÉGAL : SEPTEMBRE 2024
ISBN 978-2-88957-339-4
IMPRIMÉ EN CHINE
WWW.NUINUI.CH

CESARE DELLA PIETÀ

Passionné d'ornithologie, photographe et diplômé en lettres classiques, il a enseigné pendant plusieurs années avant de se consacrer, à partir de 1985, à la vulgarisation naturaliste en tant que rédacteur en chef et responsable scientifique des revues mensuelles *Aqua*, *Silva* et *Airone*, avec lesquelles il a collaboré pendant dix-huit ans en qualité tout d'abord d'assistant de direction, puis de responsable scientifique et, enfin, de traducteur et d'auteur de textes sur la nature, l'environnement et les animaux. Membre de diverses associations naturalistes, sa longue expérience l'a souvent amené à donner des conférences et des cours d'ornithologie et de birdwatching. Pour NuiNui, il a réalisé *Oiseaux du monde, Guide des oiseaux du monde* et *Proches et lointains : nos cousins les mammifères.*

MARGHERITA BORIN

Elle a commencé à s'intéresser au dessin grâce à sa sœur aînée, Alice. Sa passion pour cette discipline l'a amenée à fréquenter l'École d'art et l'Académie des Beaux-Arts de Venise, où elle s'est diplômée en peinture en 2012. Sa démarche artistique conjugue plusieurs techniques picturales, aquarelle, gouache, pastel, fusain et feutre. Animée d'un intérêt croissant pour le monde de l'illustration, elle a suivi en 2013 l'enseignement de Miguel Tanco à Milan. Elle a illustré plusieurs livres pour enfants sur les animaux et la nature pour des éditeurs italiens, américains, australiens et britanniques. Pour NuiNui, elle a réalisé les illustrations de plusieurs ouvrages de la série « Construis en 3D », d'*Évolution - La lutte pour la survie, sur les traces de Darwin et des grands scientifiques* et de *L'homme - Des premiers pas à l'exploration de l'espace*. Elle vit en Italie, sur l'île sicilienne de Pantelleria.

NOTICE EXPLICATIVE

DIMENSIONS ET SYMBOLES

Ces symboles t'aideront à te faire une idée de la taille moyenne des exemplaires des différentes espèces. Tu pourras l'imaginer tout simplement d'après la section en couleur du symbole associé à chaque spécimen. Un animal accompagné d'un scooter coloré à moitié, par exemple, sera aussi long qu'un demi-scooter, soit environ 100 cm, tandis qu'un bus aux deux tiers en couleur équivaudra à environ 800 cm.

30 CM

200 CM

400 CM

1 200 CM

Flasher les codes QR pour regarder les vidéos avec un smartphone ou une tablette et une application permettant de les lire.

Taper ce lien pour accéder à la page des vidéos :
www.nuinui.ch/mammiferes/video

INTRODUCTION

De tous les animaux, les mammifères sont ceux que nous considérons comme les plus proches de nous ; à juste titre, d'ailleurs, puisque nous sommes nous aussi des mammifères. Les chiens et les chats, hôtes bien-aimés de nos foyers, sont également des mammifères, tout comme la plupart des animaux qui ont été domestiqués au fil des siècles, nous fournissant de quoi manger et nous aidant dans nos travaux, comme la vache, le cheval, le porc et le mouton.
S'agissant des mammifères sauvages, certains nous sont bien connus grâce à des livres, des documentaires et des photographies, tels le tigre, le lion, l'éléphant, le loup, ou bien encore les baleines, le gorille et le chimpanzé. Mais la classe des mammifères est très vaste et compte actuellement environ 5 500 espèces différentes.
Les mammifères sont présents partout, des glaces des pôles jusqu'au cœur des déserts, des forêts les plus denses aux infinies étendues d'herbe des prairies. Certains sont des chasseurs infaillibles et d'autres

ne doivent leur salut qu'à une fuite rapide ; les uns forment des communautés nombreuses et organisées, alors que d'autres mènent une existence solitaire. Certains ont quitté la terre et profondément transformé leur corps pour réussir à conquérir les mers, et d'autres passent toute leur vie sous terre ou bien ont développé des structures leur permettant de voler.

Ce livre t'entraîne à la découverte du merveilleux univers des mammifères. Il est bien entendu impossible de présenter une aussi grande variété en un nombre limité de pages. Nous avons donc conçu un voyage à travers seize régions de la planète, de l'Arctique à l'Australie, en choisissant plusieurs espèces typiques de chaque environnement, plus ou moins connues mais toujours surprenantes et fascinantes, et en terminant par la maison et la ferme, car les animaux domestiques ont eux aussi beaucoup à nous apprendre.

Tourne la page et que l'aventure commence !

MER GLACIALE ARCTIQUE
GROENLAND
AMÉRIQUE DU NORD
OCÉAN ATLANTIQUE
AMÉRIQUE CENTRALE
AMÉRIQUE DU SUD
OCÉAN ANTARCTIQUE
AMÉRIQUE DU NORD
Dans les vallées sauvages des montagnes Rocheuses
AMÉRIQUE DU NORD
Dans les vastes prairies où vit de nouveau le bison
AMÉRIQUE DU SUD
Sur les rives du grand fleuve
AMÉRIQUE DU SUD
Sur les terres désolées de l'extrême Sud

ARCTIQUE ET ANTARCTIQUE
Au royaume des glaces
EUROPE
Au pied des grandes montagnes
EUROPE
Dans les anciennes forêts de plaine
EUROPE
Entre mer et maquis
OCÉAN ARCTIQUE
EUROPE
ASIE
OCÉAN PACIFIQUE
AFRIQUE
OCÉAN INDIEN
OCÉANIE
AFRIQUE
Dans les sables brûlants, entre dunes et oasis
AFRIQUE
Sur l'île des lémuriens
ASIE
Dans le mystérieux univers des forêts tropicales
AFRIQUE
Dans la mer d'herbe des savanes infinies
ASIE Entre jungles et marécages de la péninsule Indienne
OCÉANIE
Sur la terre des marsupiaux
AFRIQUE
Au cœur des forêts à cheval sur l'équateur
ASIE
Dans le cœur sauvage du continent

LES MAMMIFÈRES : PORTRAIT

Un lion est très différent d'une souris et d'une baleine ; un kangourou ne ressemble vraiment pas à une chauve-souris. Pourtant, tous sont des mammifères, exactement comme nous, les humains. Qu'avons-nous donc en commun ?

LES MAMMIFÈRES NOURRISSENT LEURS PETITS DURANT LA PREMIÈRE PHASE DE VIE AVEC UNE SUBSTANCE SÉCRÉTÉE PAR LES GLANDES MAMMAIRES.

Un premier élément de réponse vient du nom : « mammifère » signifie « doté de mamelles ». Tous les mammifères possèdent en effet des glandes spécifiques appelées « glandes mammaires » ; atrophiées chez les mâles, elles produisent chez les femelles le lait nécessaire pour nourrir la progéniture pendant un certain temps après la naissance. Parmi tous les animaux, seuls les mammifères allaitent leurs petits. Les mammifères respirent en outre l'air atmosphérique par les poumons (même ceux qui passent toute leur vie dans la mer, comme les baleines et les dauphins, doivent remonter régulièrement à la surface pour respirer). Et tous les mammifères sont homéothermes, ou « à sang chaud » : une partie de l'énergie issue de la nourriture sert à produire de la chaleur et à maintenir le corps à une température constante, indépendamment du milieu ambiant ; quand il fait trop chaud, en revanche, ils évacuent une partie de la chaleur en transpirant.

En dehors de ces trois caractéristiques communes à tous les mammifères, ces derniers présentent des différences notables, à commencer par leur taille. Le plus petit mammifère vivant mesure 33 millimètres maximum et ne pèse guère plus de 3 grammes : il s'agit de la chauve-souris bourdon (*Craseonycteris thonglongyai*), qui vit dans certaines grottes de Thaïlande et de Birmanie, en Asie du Sud-Est. Le plus grand est la baleine bleue (*Balænoptera musculus*), qui mesure 33 mètres et pèse jusqu'à 190 tonnes, soit 190 000 kilos et l'équivalent de plus de six millions de chauves-souris bourdons !

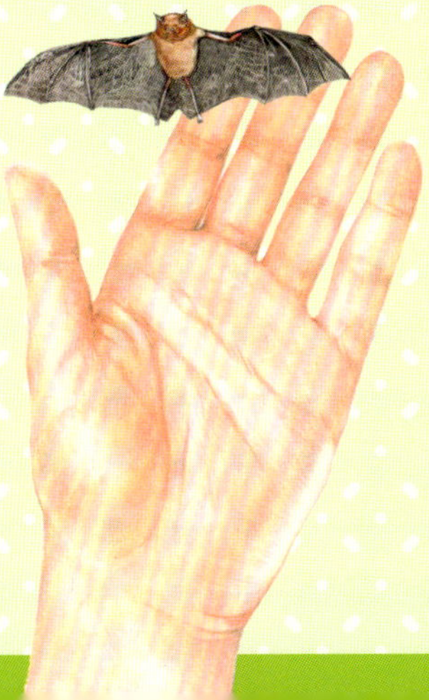

LE PLUS PETIT MAMMIFÈRE VIVANT, LA CHAUVE-SOURIS BOURDON (*Craseonycteris thonglongyai*), ET LE PLUS GRAND, LA BALEINE BLEUE (*Balænoptera musculus*) ; LA MAIN HUMAINE ET LE PLONGEUR PERMETTENT DE SE FAIRE UNE IDÉE DE LEUR TAILLE !

ŒUF, POCHE MARSUPIALE OU PLACENTA ?

Les zoologues ont établi pour les mammifères, comme pour tous les êtres vivants, une classification regroupant les espèces en fonction de leur anatomie et de leur mode de vie. Tout d'abord, la classe des mammifères se subdivise en trois sous-classes selon la façon de donner naissance à la progéniture.

PLACENTAIRES

L'embryon achève de se développer dans le corps maternel, protégé et nourri par un organe spécifique, le placenta. Après la naissance, le petit s'alimente en tétant, accroché aux mamelles de sa mère. Le nombre de tétines varie d'une espèce à l'autre en fonction du nombre des nouveau-nés : de 2 (comme chez les éléphants, les chevaux, les gorilles et nous, les humains) à 24 chez le tenrec commun, un petit mammifère vivant à Madagascar.

LES PETITS DES MAMMIFÈRES PLACENTAIRES, COMME LE GORILLE DE L'OUEST (*Gorilla gorilla*), NAISSENT APRÈS S'ÊTRE DÉVELOPPÉS ENTIÈREMENT DANS LE CORPS DE LEUR MÈRE.

LE TANGUE (*Tenrec ecaudatus*) EST LE MAMMIFÈRE QUI POSSÈDE LE PLUS GRAND NOMBRE DE MAMELLES : 12 À 16 PAIRES.

MARSUPIAUX

Ils donnent naissance à des petits vivants, mais eux aussi très peu développés, qui se réfugient aussitôt dans le marsupium, ou poche marsupiale, un repli de la peau du ventre de leur mère contenant les mamelles et où ils se tiennent jusqu'au sevrage.

COMME TOUS LES MARSUPIAUX, LE QUOKKA (*Setonix brachyurus*) GARDE SON PETIT DANS UNE POCHE VENTRALE.

MONOTRÈMES

Ils ne donnent pas naissance à des petits vivants, mais pondent des œufs. Quand ces derniers éclosent, les petits à un stade de développement encore très précoce sont accueillis dans un repli cutané du ventre de leur mère, où ils se nourrissent en léchant un lait produit par des glandes spécifiques.

UNE FEMELLE ORNITHORYNQUE (*Ornithorhynchus anatinus*) À CÔTÉ DE SES ŒUFS SUR LE POINT D'ÉCLORE.

METTONS UN PEU D'ORDRE…

Chaque sous-classe se subdivise par ailleurs en plusieurs ordres. Les zoologues ne s'accordent pas tous sur les critères de répartition, mais la classification ci-dessous n'en reste pas moins globalement valable.

La sous-classe des **monotrèmes** compte aujourd'hui un seul ordre regroupant cinq espèces présentes en Australie et en Nouvelle-Guinée : l'ornithorynque et quatre espèces d'échidnés

LES MARSUPIAUX comptent 7 ordres, pour un total de plus de 300 espèces recensées en Australie, en Nouvelle-Guinée et, dans une moindre mesure, sur le continent américain. Citons ainsi les kangourous, le koala, le phalanger volant, les wombats, le diable de Tasmanie, les opossums américains, etc.

TOUS LES AUTRES MAMMIFÈRES appartiennent à la sous-classe des **placentaires**, qui comprend 21 ordres.
Le plus nombreux est celui des rongeurs, avec plus de 200 espèces dont font partie écureuils, loirs, castors, marmottes, souris et rats, cochons d'Inde, ragondins, porcs-épics, etc. Vient ensuite, avec presque 1 300 espèces, l'ordre des chiroptères rassemblant chauves-souris et renards volants ; à eux seuls ces deux ordres représentent plus de la moitié des espèces vivant sur notre planète. À l'extrême opposé, l'ordre des tubulidentés ne compte qu'une seule espèce, l'oryctérope du Cap. Pour nous limiter aux animaux les plus connus, tous les félins, les loups, les renards, les hyènes, les ours, les pandas, les phoques et les morses sont classés dans l'ordre des carnivores ; les baleines et les dauphins, dans celui des cétacés ; les cochons sauvages, les hippopotames, les antilopes, les cerfs, les buffles, les girafes et les chameaux, dans celui des artiodactyles (un terme signifiant que chaque patte comporte un nombre pair de doigts) ; les chevaux, les ânes, les zèbres et les rhinocéros, dans celui des périssodactyles (dont les membres postérieurs possèdent un nombre impair de doigts).
Et les humains ? Nous figurons parmi les 400 espèces, environ, de l'ordre des primates, avec les lémuriens et les singes. Nous formons plus particulièrement la famille des hominidés, avec trois espèces d'orangs-outangs, deux espèces de gorilles, le bonobo et le chimpanzé, notre parent le plus proche.

GRAPHIQUE ILLUSTRANT LES ORDRES DE PLACENTAIRES PAR NOMBRE D'ESPÈCES.

Chaque ordre regroupe plusieurs familles, subdivisées en genres, qui à leur tour rassemblent chacun des espèces. Ces dernières portent des noms propres aux différentes langues, de sorte que pour pouvoir les identifier sans ambiguïté, les zoologues leur ont attribué un nom dit « scientifique », composé de deux termes latins. Par exemple le nom scientifique du loup est *Canis lupus*, et sa classification est la suivante : classe des mammifères, sous-classe des placentaires, ordre des carnivores, famille des canidés, genre *Canis*, espèce *Canis lupus*.

UN CHEMIN LONG DE 200 MILLIONS D'ANNÉES

Nous avons parlé jusqu'à présent des mammifères qui existent à l'heure actuelle. Mais quand les premiers mammifères sont-ils apparus ? Difficile de répondre à cette question, car les fossiles ne conservent pas les traits les plus distinctifs de ces animaux, comme le fait de posséder des mamelles ou une fourrure, ou bien de donner naissance à une progéniture vivante. Les paléontologues ne disposent ainsi que de rares éléments, tels que des fragments de crâne et des dents, pour relever les différences par rapport aux reptiles primitifs. En outre, pendant plusieurs millions d'années certains restes fossiles offrent les caractères typiques des reptiles et d'autres, ceux des mammifères.

Pour trouver les premiers animaux considérés comme des mammifères proprement dits, il faut remonter à environ 200 millions d'années : ils mesuraient quelques centimètres de long, se nourrissaient d'insectes, vivaient probablement dans les arbres et étaient actifs la nuit, pour échapper à leurs prédateurs, les dinosaures inactifs aux heures les plus froides.

TROIS DES PREMIERS MAMMIFÈRES APPARUS SUR TERRE : *Brasilodon quadrangularis* (IL Y A 225 MILLIONS D'ANNÉES), *Morganucodon* (IL Y A 205 MILLIONS D'ANNÉES) ET *Megazostrodon* (IL Y A 200 MILLIONS D'ANNÉES). LEUR RECONSTITUTION REPOSE SUR LES FOSSILES MIS AU JOUR.

Brasilodon quadrangularis

Megazostrodon

Morganucodon

Les mammifères primitifs vécurent aux côtés des dinosaures durant des millions d'années et enregistrèrent un pic d'évolution il y a 65 millions d'années : l'extinction des dinosaures libéra en effet de nombreuses niches écologiques que les mammifères s'empressèrent d'occuper en développant une vaste gamme de formes nouvelles. Une seconde étape clé eut lieu environ 30 millions d'années avant notre ère, quand l'étendue des forêts se réduisit considérablement, laissant place aux prairies ; les espaces ouverts accueillirent alors des mammifères de plus en plus grands. Plusieurs de ces géants survécurent jusqu'à il y a quelques milliers d'années.

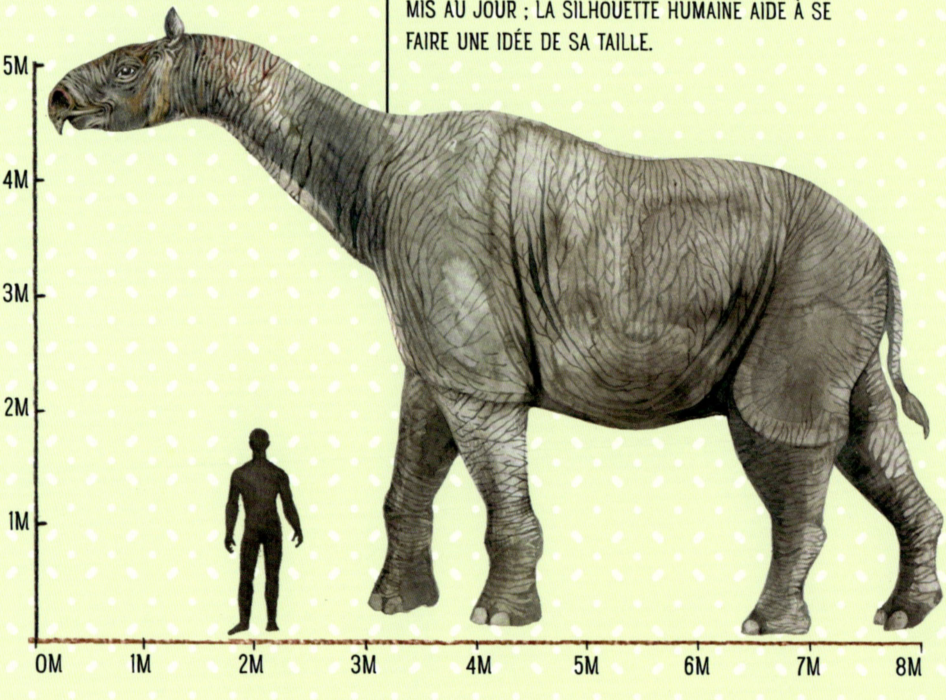

LE *Paraceratherium* (30 À 25 MILLIONS D'ANNÉES AVANT NOTRE ÈRE) EST LE PLUS GRAND DES MAMMIFÈRES DONT DES RESTES FOSSILES ONT ÉTÉ MIS AU JOUR ; LA SILHOUETTE HUMAINE AIDE À SE FAIRE UNE IDÉE DE SA TAILLE.

COMPARAISON ENTRE UN MAMMOUTH (*Mammuthus imperator*) ET UN ÉLÉPHANT D'AUJOURD'HUI (*Loxodonta africana*).

RECONSTITUTION D'UN SMILODON (*Smilodon populator*). CE GRAND FÉLIN, APPELÉ AUSSI TIGRE À DENTS DE SABRE, VÉCUT EN AMÉRIQUE DU SUD JUSQU'À ENVIRON 10 000 ANS AVANT NOTRE ÈRE.

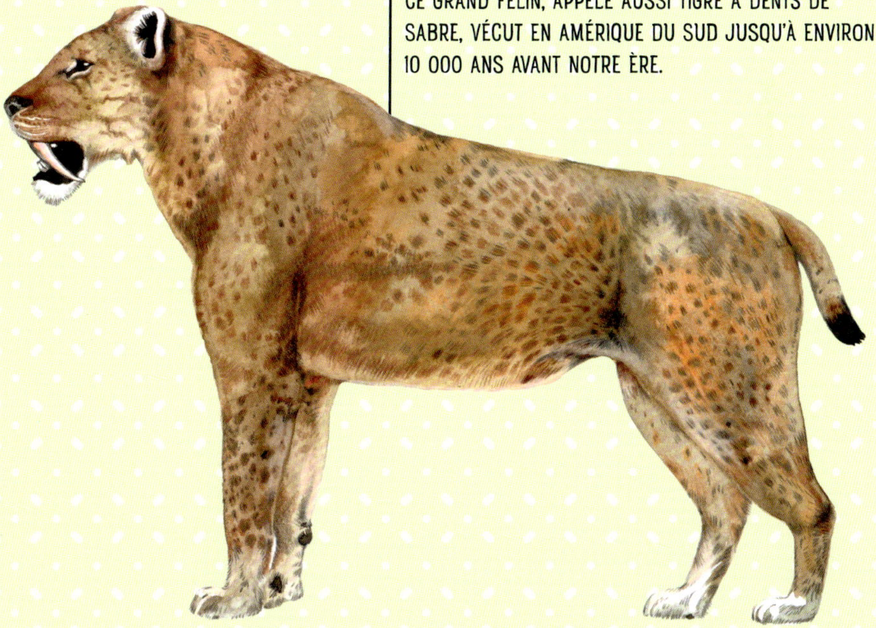

DES HOMINIDÉS À *HOMO SAPIENS*

Quant à nous ? Comme tous les animaux actuels, nous sommes également le résultat d'une évolution qui débuta avec l'apparition des premières formes de vie sur la Terre. Mais pour trouver notre ancêtre le plus proche, il faut remonter dans le temps jusque entre 65 et 60 millions d'années avant notre ère. C'est de cette période que datent les restes fossiles du premier mammifère classé dans notre ordre, celui des primates. Il possédait de longs doigts mobiles, qui lui permettaient de grimper, et des yeux à l'avant du visage garantissant une vision tridimensionnelle.
Ce primate ancestral constitue le point de départ des lignes évolutives qui aboutissent progressivement aux primates d'aujourd'hui, comme le montre le graphique ci-dessous.

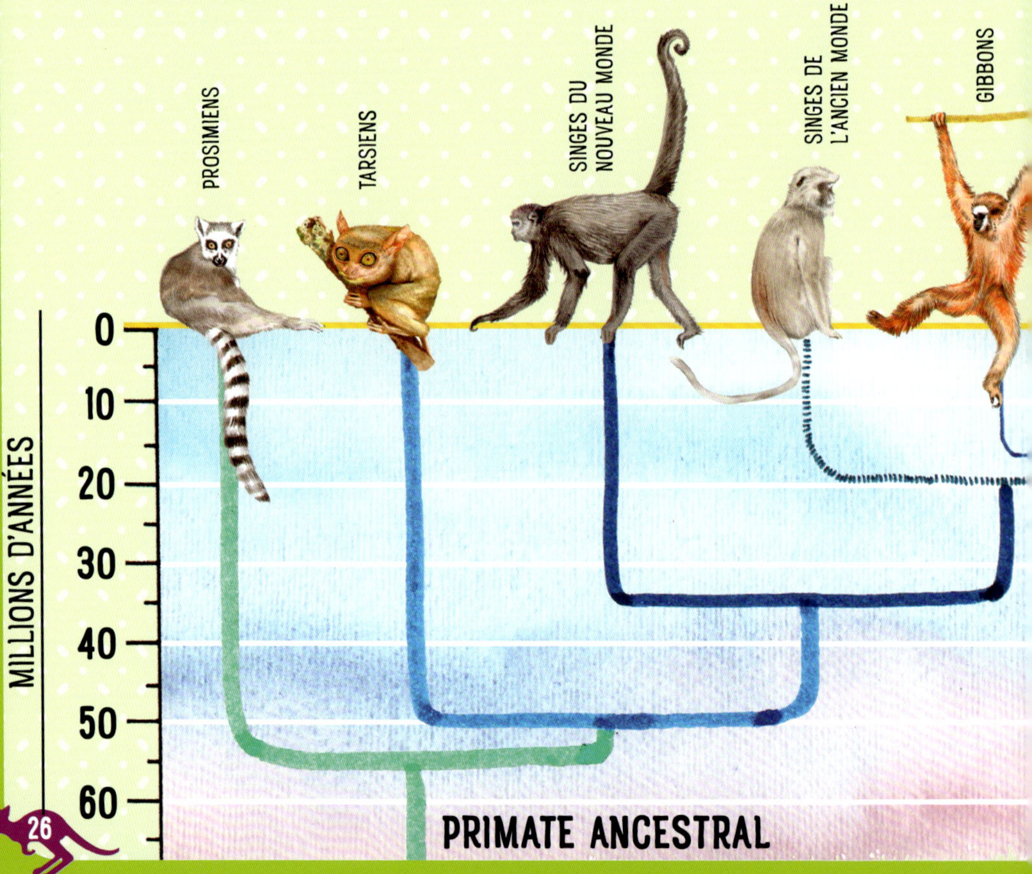

- 65 MILLIONS D'ANNÉES PRIMATE ANCESTRAL
- 55 MILLIONS D'ANNÉES PROSIMIENS (LÉMURIENS ET LORIS)
- 50 MILLIONS D'ANNÉES TARSIENS
- 35 MILLIONS D'ANNÉES SINGES DU NOUVEAU MONDE (AMÉRIQUE)
- 20 MILLIONS D'ANNÉES SINGES DE L'ANCIEN MONDE (AFRIQUE ET EURASIE)
- 18 MILLIONS D'ANNÉES GIBBONS
- 11 MILLIONS D'ANNÉES ORANGS-OUTANS
- 9 MILLIONS D'ANNÉES GORILLES
- 6 MILLIONS D'ANNÉES CHIMPANZÉS ET BONOBOS

Nous voilà donc arrivés à 6 millions d'années avant notre ère. Les restes fossiles des primates commencent alors à présenter de nouveaux caractères. Des différences apparaissent quant à la forme du crâne et à son volume, à l'aspect des dents, des os du bassin et des pieds : ces détails renvoient à des changements concernant le régime alimentaire, la façon de se tenir debout et de marcher, et permettent de reconstituer le long chemin conduisant à l'homme moderne. Dans ce cas aussi, un graphique résume les principales étapes

6,1 à 5,8 millions d'années *Orrorin tugenensis* : il pouvait vraisemblablement se redresser et marcher sur deux jambes.

4 millions d'années premiers *Australopithecus* : volume crânien encore semblable à celui du chimpanzé (350 à 500 cm^3), mais probable posture érigée et allure bipède.

3,2 millions d'années Lucy, *Australopithecus afarensis* femelle : première preuve certaine de posture érigée.

3 à 2 millions d'années *Australopithecus africanus* : 485 cm^3 de volume crânien.

AUSTRALOPITHECUS AFARENSIS — *AUSTRALOPITHECUS AFRICANUS* — *HOMO HABILIS*

2,1 millions d'années Premiers exemplaires du genre *Homo* : *Homo habilis*, 600 à 800 cm³ de volume crânien, doigts fins, usage d'outils rudimentaires (pierres brutes).

1,8 à 1,5 million d'années *Homo erectus* : longues jambes adaptées à la marche et à la course, 1 000 à 1 250 cm³ de volume crânien ; il utilise vraisemblablement le feu, quitte l'Afrique il y a 500 000 ans, se répand en Asie et en Europe et disparaît il y a 300 000 ans.

800 000 à 500 000 ans *Homo sapiens* archaïque : 1 100 à 1 400 cm³ de volume crânien, langage articulé, expressions artistiques, outils de pierre taillée.

300 000 ans *Homo neanderthalensis* : squelette robuste, jambes et bras courts, 1 250 à 1 700 cm³ de volume crânien, outils élaborés, culte des morts et soin des malades ; il cohabite avec *Homo sapiens* jusqu'à 30 000 ans avant notre ère.

120 000 à 100 000 ans *Homo sapiens* moderne : squelette et crâne identiques à ceux des hommes d'aujourd'hui, 1 300 à 1 700 cm³ de volume crânien.

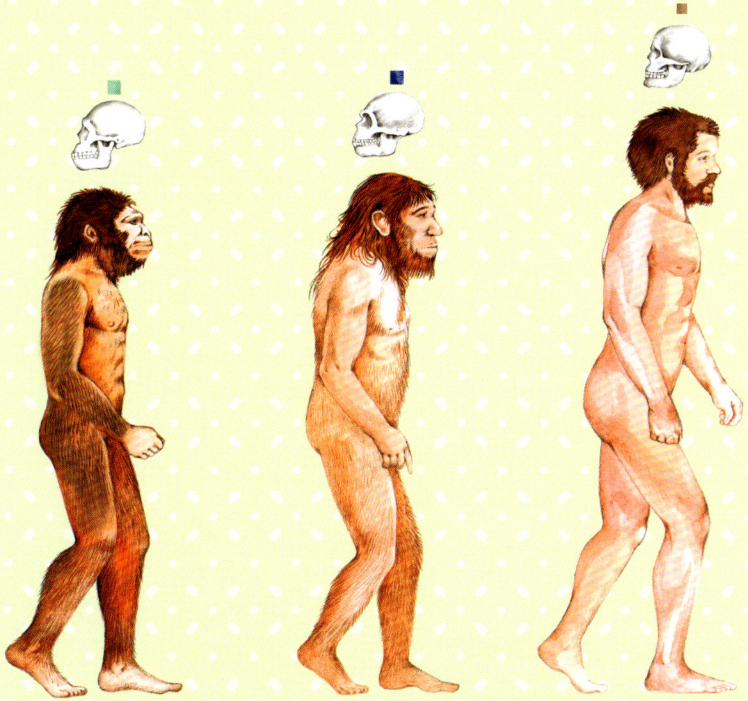

HOMO ERECTUS

HOMO NEANDERTHALENSIS

HOMO SAPIENS

MODÈLE DE BASE ET VARIANTES

Dans les pages précédentes, nous avons vu le long chemin menant aux mammifères actuels. Observons-les maintenant de plus près, pour découvrir leurs extraordinaires adaptations aux milieux et aux modes de vie les plus divers. Vivre au sol, dans l'eau ou même dans l'air a entraîné d'importantes transformations anatomiques touchant tout d'abord le squelette. Un animal qui passe tout son temps par terre, comme un **cheval**, possède quatre membres robustes qui supportent le poids du corps ; mais un **kangourou**, qui se déplace par grands bonds, a des membres antérieurs courts et fins, tandis que ses membres postérieurs sont très développés, tout comme la queue qui sert de troisième point d'appui. Chez un **lion de mer**, qui passe la moitié de son temps dans l'eau, les pattes modifiées servent plus à nager qu'à marcher. Les **cétacés**, qui ne vont jamais sur terre, affichent une transformation complète, avec des nageoires à la place des membres antérieurs, la disparition des membres postérieurs et une queue remplacée par une robuste nageoire qui joue un rôle fondamental dans la locomotion. Chez les **chauves-souris**, en revanche, les membres antérieurs sont particulièrement développés pour supporter le patagium, la membrane permettant de voler : le nom donné à leur ordre, chiroptère, signifie justement « main-aile ».

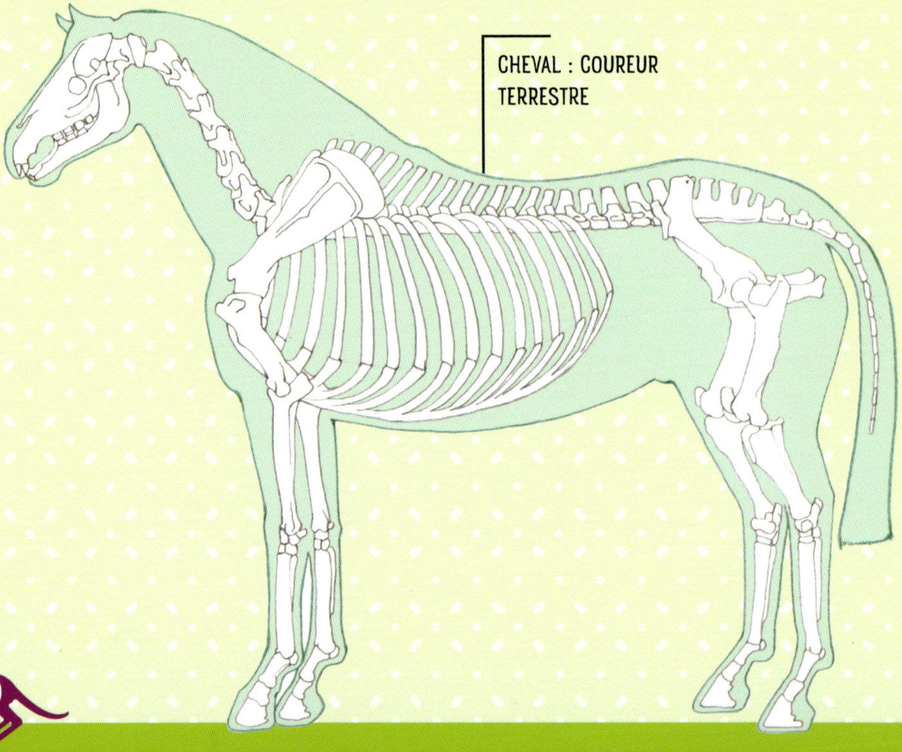

LE SQUELETTE DES MAMMIFÈRES PRÉSENTE DE GRANDES DIFFÉRENCES RÉSULTANT D'ADAPTATIONS À DES MODES DE VIE TRÈS DIVERS.

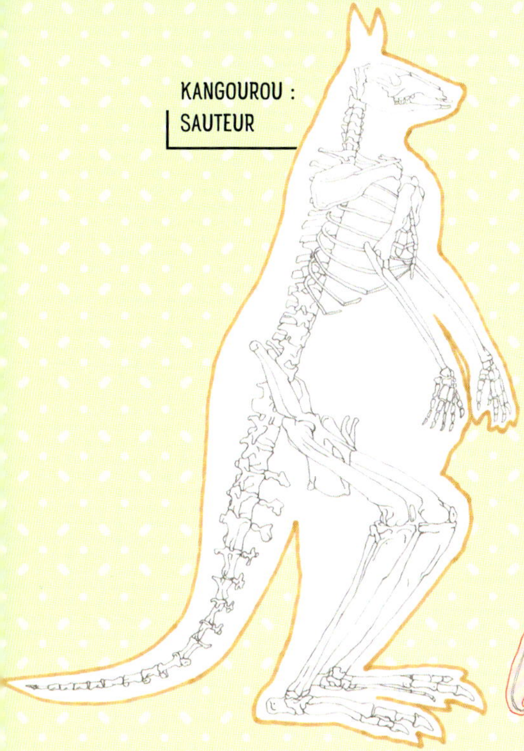

KANGOUROU : SAUTEUR

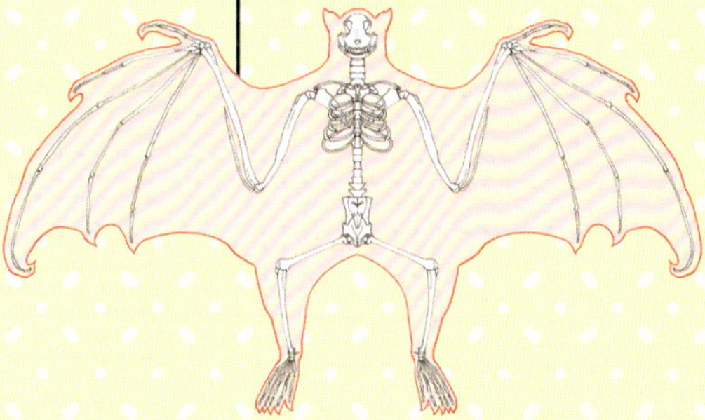

RENARD VOLANT : ADAPTATION AU VOL

LION DE MER : SE DÉPLACE AUSSI BIEN SUR TERRE QUE DANS L'EAU

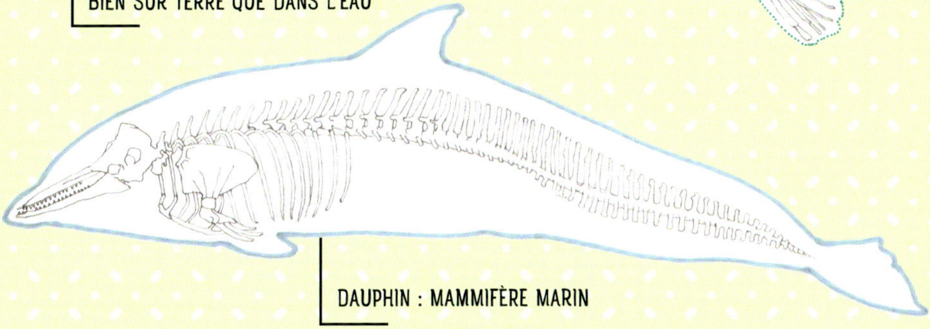

DAUPHIN : MAMMIFÈRE MARIN

LA DIFFÉRENCE COMMENCE PAR LES PIEDS

Au sein même des mammifères terrestres, les différences sont notables quant à la façon de se déplacer sur le sol. Selon la structure des pieds et des pattes, on distingue trois allures principales appelées respectivement plantigrade, digitigrade et onguligrade.

Les mammifères plantigrades se déplacent en posant toute la plante du pied sur le sol, des doigts au talon. C'est le cas, entre autres, des ours, des mustélidés comme le blaireau, des rats, des souris, du hérisson, des lapins et des primates, homme inclus.

Les plantigrades ont généralement quatre pattes assez courtes et sont plutôt lents ; en contrepartie, ils peuvent se dresser sur leurs pattes arrière.

Les digitigrades, comme leur nom l'indique, ne posent pas toute la plante du pied par terre, mais seulement les doigts dotés, chacun, d'un coussinet. Ils avancent ainsi plus vite et peuvent surtout maintenir plus longtemps une allure rapide. Citons, parmi les digitigrades, les félins et les canidés.

L'OURS BRUN (*Ursus arctos*) EST UN PLANTIGRADE TYPIQUE

SON UNIQUE ET ROBUSTE SABOT PERMET AU CHEVAL (*Equus caballus*) DE COURIR VITE ET LONGTEMPS

COMPARAISON DU MEMBRE POSTÉRIEUR D'UN PLANTIGRADE, D'UN DIGITIGRADE ET D'UN ONGULIGRADE.

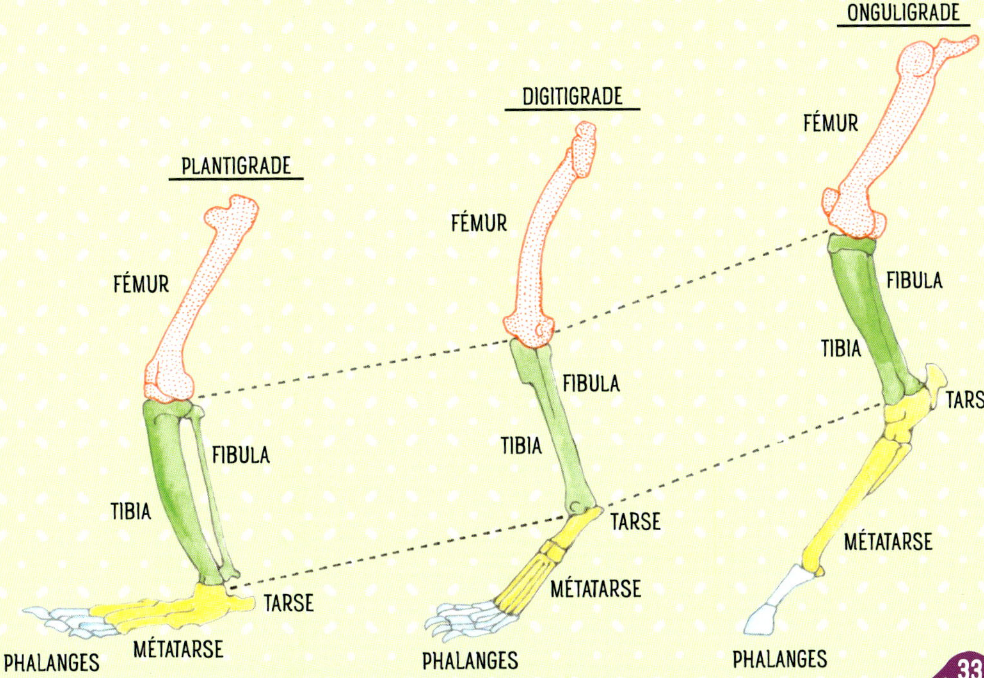

Les éléphants marchent eux aussi sur leurs doigts, même s'ils donnent l'impression de poser au sol toute la plante de leur gros pied. En réalité, sous le talon se trouve un épais coussinet graisseux qui contribue à amortir le poids du corps.
Les onguligrades, quant à eux, posent sur le sol l'extrémité de leurs doigts protégés par un sabot résistant. Les doigts supportant le corps sont en nombre pair chez les membres de l'ordre des artiodactyles : quatre chez les hippopotames, deux chez les bovins, les antilopes, les dromadaires et les chameaux, et impair chez les périssodactyles : trois chez les rhinocéros, un seul chez les chevaux, les ânes et les zèbres. Certains des mammifères les plus rapides sont onguligrades, comme les gazelles et le cheval.

DÉTAIL DU PIED DE L'ORÉOTRAGUE, OU SASSA (*Oreotragus oreotragus*), UNE PETITE ANTILOPE AFRICAINE, QUI MONTRE CLAIREMENT LES DEUX SABOTS SUR LESQUELS REPOSE LE POIDS DES ARTIODACTYLES

L'APPARENCE PEUT ÊTRE TROMPEUSE. LE PIED DE L'ÉLÉPHANT (*Loxodonta africana*) SEMBLE TOUCHER LE SOL AVEC LA PLANTE DE SON PIED, MAIS L'APPUI SE FAIT EN RÉALITÉ SUR LES DOIGTS

Les pieds en disent beaucoup sur l'environnement et le mode de vie d'une espèce. Les taupes et d'autres mammifères qui, comme elles, creusent des galeries souterraines possèdent de larges pattes antérieures en forme de pelles et munies de griffes puissantes. Les pieds aux doigts reliés par une membrane sont typiques des mammifères qui passent beaucoup de temps dans l'eau. Des pattes arrière particulièrement robustes et terminées par de grands pieds indiquent que leur propriétaire se déplace habituellement par bonds, comme dans le cas des kangourous, des lièvres, voire de la petite gerboise du désert. Des mains et des pieds aux doigts mobiles et au pouce opposable permettent aux primates d'évoluer à merveille dans les arbres.

TAUPE D'EUROPE
(Talpa europaea)

PHOQUE MOINE DE MÉDITERRANÉE
(Monachus monachus)

KANGOUROU ROUX
(Macropus rufus)

CHIMPANZÉ
(Pan troglodytes)

POILS, ÉCAILLES ET PIQUANTS

Les mammifères sont des animaux dont tout ou partie du corps est recouvert de poils. Même les cétacés, qui ont la peau nue, présentent dans une première phase de leur développement embryonnaire un soupçon de fourrure qui disparaît avant la naissance. La principale fonction d'un revêtement de poils consiste à protéger des intempéries et à conserver la chaleur corporelle : les individus vivant dans des milieux froids ont un **pelage** plus épais, surtout l'hiver. Mais sur ce plan également, les mammifères offrent une vaste gamme de solutions. Les **écailles** qui recouvrent tout le corps des **pangolins** et des tatous, ou bien les piquants des hérissons ne sont rien d'autre que des poils modifiés pour devenir de précieux moyens de défense ; chez les porcs-épics et les oursins, les épines font aussi office

CHEZ LE LION (*Panthera leo*), SEUL LE MÂLE A UNE ABONDANTE CRINIÈRE.

LA CUIRASSE D'ÉCAILLES DU PANGOLIN GÉANT *(Manis gigantea).*

d'armes offensives car elles peuvent se détacher et demeurer plantées dans le corps de l'agresseur. L'importance du pelage ne s'arrête pas là. Sa couleur peut rappeler celle du milieu ambiant, en aidant un prédateur à échapper au regard de ses proies (les taches du **léopard** ou les rayures du **tigre**) ou inversement (la robe couleur herbe sèche de nombreuses **gazelles**) ; elle peut par ailleurs changer suivant les saisons, en devenant blanche l'hiver pour se camoufler sur le sol enneigé.

LE PELAGE CAMOUFLÉ DU TIGRE *(Panthera tigris).*

CHAT DOMESTIQUE
(*Felis silvestris catus*)
DANS UNE ATTITUDE
MENAÇANTE.

Des poils spécifiques peuvent recouvrir la plante des pieds : raides, ils permettent à des espèces vivant dans les déserts de se déplacer sur le sable sans se brûler ; denses et souples, ils aident à marcher sans s'enfoncer dans la neige. D'autres poils, rattachés à des muscles spécifiques, ont la faculté de se hérisser en signe de peur, d'agressivité, d'invitation à fuir, etc.
Des poils fins situés sur le museau et appelés **vibrisses** revêtent une très grande importance : reliés au système nerveux, ils fonctionnent comme des organes du toucher et transmettent de précieuses informations sur le milieu ambiant. Même un mammifère passant toute sa vie sous terre et ayant un corps complètement dépourvu de poils tel que le **rat-taupe** nu possède des vibrisses bien visibles.

LES GRANDES VIBRISSES
DU RAT-TAUPE NU
(*Heterocephalus glaber*).

La couleur ou la consistance du pelage joue aussi, parfois, un rôle dans la communication, en signalant la différence entre les sexes ou bien la position hiérarchique d'un individu. C'est par exemple le cas de la crinière qui orne la tête du lion et dont la lionne est en revanche dépourvue.

CHEVREUIL (*Capreolus capreolus*) QUI SIGNALE UN DANGER EN EXPOSANT SON POSTÉRIEUR BLANC.

CORNES, BOIS ET DÉFENSES

Nous avons vu que certaines particularités du pelage, comme la crinière du lion, peuvent constituer une marque de vigueur et d'importance hiérarchique. Chez d'autres mammifères, cette fonction est assurée par des structures spécifiques situées sur la tête : les cornes et les bois. Les cornes proprement dites sont des gaines de kératine (la même substance que celle des ongles et des poils) enveloppant une protubérance osseuse du crâne. Disposées de chaque côté de ce dernier, elles se développent au fil des ans, ne sont jamais remplacées et sont généralement communes aux deux sexes, même si les mâles en possèdent habituellement de plus grandes et plus élaborées. Les cornes sont présentes chez de nombreuses espèces d'une famille du vaste ordre des artiodactyles, celle des bovidés : bovins, chèvres et moutons sauvages, **antilopes** et **gazelles** ; certaines espèces d'autres familles d'artiodactyles, telle l'antilocapre ou la **girafe**, possèdent également des cornes. Composés d'une substance osseuse, les bois sont en revanche temporaires : à la fin de la saison de reproduction, ils tombent et repoussent avec encore plus de ramifications l'année suivante. Ils sont typiques

LES PETITES CORNES RECOUVERTES DE VELOURS DE LA GIRAFE (*Giraffa camelopardalis*) SONT ÉGALEMENT PRÉSENTES CHEZ LES FEMELLES ET LES JUVÉNILES.

L'ORYX ALGAZELLE
(*Oryx dammah*)
POSSÈDE DEUX FINES
CORNES TRÈS LONGUES.

des membres d'une autre famille d'artiodactyles, celle des **cervidés**, et ne sont présents que chez les mâles, à l'exception des caribous et des rennes domestiques dont bon nombre des femelles possèdent des bois permanents, mais sous une forme réduite. Les cornes et les bois, dont la taille témoigne de l'âge, ainsi que de l'état de santé, de la vigueur et du rang de l'individu, revêtent donc une très grande importance dans la rivalité sexuelle et les luttes entre les mâles, et constituent également un efficace moyen de défense et, au besoin, d'attaque.

LES LONGS BOIS
RAMIFIÉS DE L'ÉLAN
(*Alces alces*)
PEUVENT PESER PLUS
DE 30 KILOS.

LES CORNES DES RHINOCÉROS (ICI UN RHINOCÉROS BLANC, *Ceratotherium simum*) SONT CONSTITUÉES DE KÉRATINE, COMME LES POILS ET LES ONGLES.

Les **rhinocéros** se caractérisent par des cornes très particulières, au nombre d'une ou deux selon l'espèce et situées à l'extrémité du museau. Chez d'autres mammifères, ce sont en revanche certaines dents qui exercent des fonctions analogues à celles des cornes et des bois. Il s'agit des défenses, des canines qui poussent jusqu'à sortir de la bouche. Elles sont présentes chez les **éléphants**, les **hippopotames**, les **sangliers** et les cochons

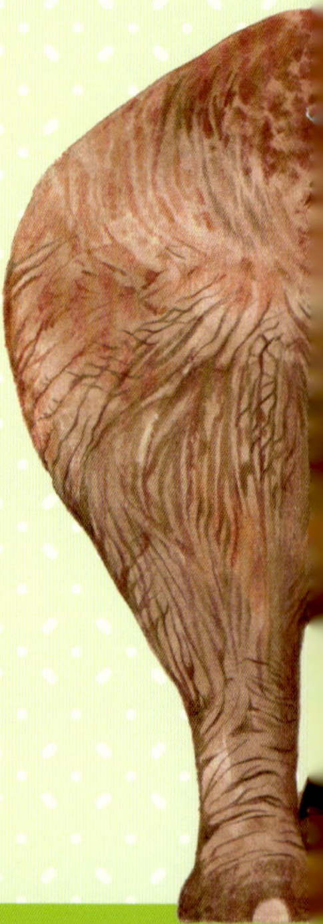

L'UNIQUE DÉFENSE RECTILIGNE DU NARVAL (*Monodon monoceros*) EST UNE CANINE QUI POUSSE EN SPIRALE.

LES DÉFENSES DU MORSE (*Odobenus rosmarus*) SONT DES CANINES PARTICULIÈREMENT DÉVELOPPÉES.

sauvages, mais aussi chez les **morses** et même un cétacé : le **narval**. Cette espèce qui vit dans les mers arctiques possède une seule longue canine ; cette défense se rencontre également chez certaines femelles, mais elle est typique des mâles et peut atteindre deux mètres de long.

LES DÉFENSES DE L'ÉLÉPHANT D'AFRIQUE (*Loxodonta africana*) SONT SES INCISIVES SUPÉRIEURES : CHEZ LES VIEUX MÂLES, ELLES PEUVENT MESURER PLUS DE 2 MÈTRES DE LONG.

UN PRÉCIEUX APPENDICE

De l'autre côté du corps, c'est-à-dire à l'extrémité postérieure, la plupart des mammifères possèdent une queue ; même chez ceux qui n'en ont pas, comme les humains et les grands singes anthropomorphes, l'épine dorsale se termine par plusieurs vertèbres qui constituent un reliquat de cette queue qui a disparu. La queue est plus ou moins longue et plus ou moins mobile, nue ou bien couverte de poils parfois très abondants, et elle peut revêtir une forme particulière. Il ne s'agit pas d'un simple appendice, bien au contraire, elle remplit des fonctions cruciales chez beaucoup d'espèces. Elle aide à garder l'équilibre pendant la course, lors des sauts et des évolutions dans les arbres ; elle fait office de cinquième main pour garantir la préhension ou de patte supplémentaire pour se tenir droit ; elle peut servir de douce écharpe pour protéger le nez et la bouche du froid durant le sommeil, ou bien être agitée pour chasser les insectes envahissants, etc. Sa position renseigne par ailleurs sur l'état d'âme ou les intentions de l'animal (peur, dominance, agressivité, etc.).
Chez les espèces qui passent beaucoup de temps dans l'eau, la queue sert en outre de gouvernail, et les cétacés et les siréniens l'ont même remplacée par une robuste nageoire caudale.

LA LONGUE QUEUE DU GUÉPARD (*Acinonyx jubatus*) AGIT COMME UN STABILISATEUR DANS LES BRUSQUES CHANGEMENTS DE DIRECTION QUAND IL POURSUIT SA PROIE À GRANDE VITESSE.

LES LONGS POILS QUI RECOUVRENT LA QUEUE DU TAMANOIR (*Myrmecophaga tridactyla*) LE FONT PARAÎTRE ENCORE PLUS GRAND.

QUAND IL NAGE, LE CASTOR DU CANADA (*Castor canadensis*) SE SERT DE SA QUEUE PLATE ET RECOUVERTE D'ÉCAILLES COMME D'UN GOUVERNAIL.

LA QUEUE DU LAMANTIN DES CARAÏBES (*Trichecus manatus*) EST UNE PUISSANTE NAGEOIRE DONT IL SE SERT POUR NAGER.

LA QUEUE DE L'OPOSSUM DE VIRGINIE (*Didelphis virginiana*) PEUT LUI SERVIR À S'ACCROCHER AUX BRANCHES ET MÊME À TRANSPORTER DE PETITS OBJETS.

QUAND ELLE DORT, LA PANTHÈRE DES NEIGES (*Panthera uncia*) PROTÈGE SES VOIES RESPIRATOIRES DE L'AIR GLACIAL AVEC SA QUEUE.

LE SURICATE (*Suricata suricatta*) UTILISE SA QUEUE COMME POINT D'APPUI SUPPLÉMENTAIRE QUAND IL SE TIENT DROIT SUR SES PATTES ARRIÈRE.

LA QUEUE PEUT S'AVÉRER D'UNE AIDE PRÉCIEUSE POUR CHASSER LES INSECTES.

DES YEUX POUR CHASSER ET PRENDRE LA FUITE

La vue n'est pas le sens le plus développé chez les mammifères, qui misent surtout sur l'odorat et l'ouïe. La position des yeux sur la tête constitue néanmoins un bon indice sur le mode de vie d'un animal. **Des yeux situés sur le devant de la face**, comme dans le cas des humains, permettent de mieux distinguer les détails et d'évaluer plus précisément les distances : des caractéristiques importantes en particulier pour les chasseurs. À l'inverse, **des yeux placés sur les côtés de la tête** aident à mieux voir autour et derrière soi, et sont par conséquent typiques d'animaux qui doivent toujours se méfier des prédateurs. Les espèces strictement nocturnes ont en général de **très grands yeux**, tandis que les mammifères fouisseurs, qui vivent dans des galeries souterraines, possèdent souvent des **yeux extrêmement petits**, parfois seulement à même de faire la distinction entre la lumière et l'ombre, voire recouverts de peau, comme les taupes dorées d'Afrique.

LES PRÉDATEURS, COMME LE LOUP (*Canis lupus*), ONT LES YEUX EN POSITION FRONTALE.

SES YEUX PLACÉS SUR LES CÔTÉS DE LA TÊTE PERMETTENT AU LIÈVRE D'EUROPE (*Lepus europaeus*) DE MIEUX VOIR AUTOUR DE LUI.

LA TAUPE DORÉE GÉANTE (*Chrysospalax trevelyani*) PASSE SA VIE SOUS TERRE ; PRATIQUEMENT INUTILES, SES YEUX SONT RECOUVERTS DE PEAU.

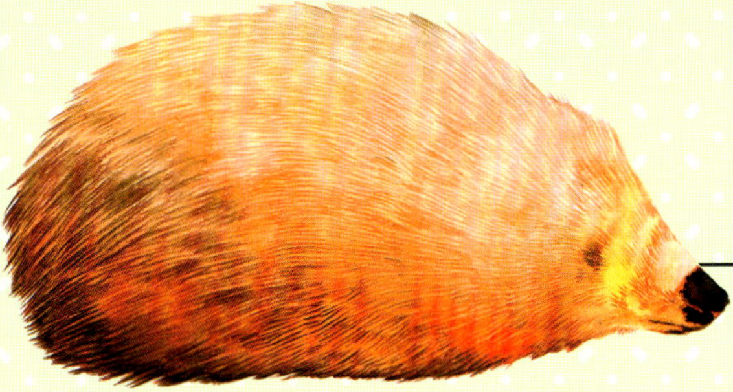

GRÂCE À SES GROS YEUX, LE TARSIER SPECTRE (*Tarsius tarsier*) PEUT ÊTRE ACTIF LA NUIT.

ET DES OREILLES MULTIUSAGE

Chez la plupart des mammifères, l'ouïe est plus développée que la vue. Presque toutes les espèces ont des oreilles dotées d'un pavillon externe, plus ou moins grand et plus ou moins mobile pour s'orienter dans la direction du son. Il existe, là aussi, des exceptions, comme dans le cas des animaux vivant dans l'eau, tels que les cétacés et les siréniens, ou même les phoques, et des individus évoluant sous terre, telles les **taupes**. Des pavillons proportionnellement plus grands que le corps caractérisent les animaux qui se fient à leur ouïe pour trouver de quoi manger, comme l'**otocyon**, un petit canidé qui se nourrit de termites qu'il capture « à l'oreille » dans la nuit noire, guidé par l'infime bruit produit par les minuscules pattes des insectes. De grandes oreilles ne servent cependant pas uniquement à mieux entendre ; elles s'avèrent aussi précieuses pour éliminer l'excès de chaleur corporelle. La comparaison entre des espèces semblables, mais liées à des environnements très différents aide à comprendre le rapport entre la forme des oreilles et les conditions climatiques. Le **renard roux**, présent dans des régions au climat tempéré, possède des oreilles de taille moyenne ; celles du **renard arctique**, répandu dans l'extrême Nord aux climats bien plus froids, sont courtes, arrondies et couvertes de poils ; le **fennec**, qui vit dans le désert du Sahara, possède au contraire d'immenses oreilles à la peau fine.

LE PHOQUE GRIS (*Halychoerus grypus*) A DES OREILLES DÉPOURVUES DE PAVILLON.

LES GRANDS PAVILLONS DE LA GERBOISE À LONGUES OREILLES (*Euchoreutes naso*) SERVENT ÉGALEMENT À DISPERSER LA CHALEUR DU DÉSERT.

LA FORME DES OREILLES DE CES TROIS ESPÈCES DE RENARDS RENSEIGNE SUR LES CONDITIONS CLIMATIQUES DE LEUR MILIEU DE VIE.

FENNEC, OU RENARD DES SABLES (*Vulpes zerda*)

RENARD ROUX (*Vulpes vulpes*)

RENARD ARCTIQUE, OU POLAIRE (*Vulpes lagopus*)

UN MENU POUR TOUS LES GOÛTS

En matière d'alimentation également, les mammifères offrent une vaste gamme de ressources. Cette diversité renvoie à la structure de la bouche et à la forme des dents. Une première différence notable se relève entre ceux qui se nourrissent de viande et capturent leurs proies, et ceux qui consomment en revanche de l'herbe et des feuilles : les **carnivores** ont des dents tranchantes qui leur servent à tuer les proies et réduire la chair en morceaux, tandis que les **herbivores** ont des dents conçues pour broyer les végétaux les plus durs et coriaces. Les chauves-souris et les petits **insectivores** ont des dents pointues pour percer la résistante chitine qui revêt le corps de nombreux insectes. Une dentition moins spécialisée est par ailleurs typique des **omnivores**, qui se nourrissent d'une grande variété d'aliments, de la viande aux végétaux en passant par les fruits, comme dans le cas de nombreux primates et des humains.

ÉDENTÉS
TAMANOIR
(Myrmecophaga tridactyla)

CHIROPTÈRES
PETITE CHAUVE-SOURIS BRUNE *(Myotis lucifugus)*

CARNIVORES
COYOTE *(Canis latrans)*

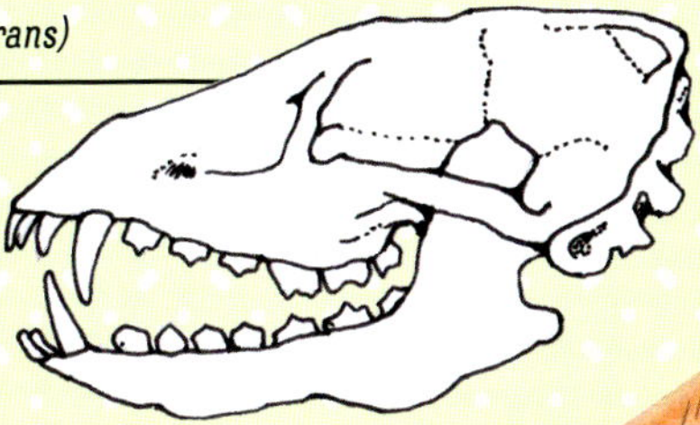

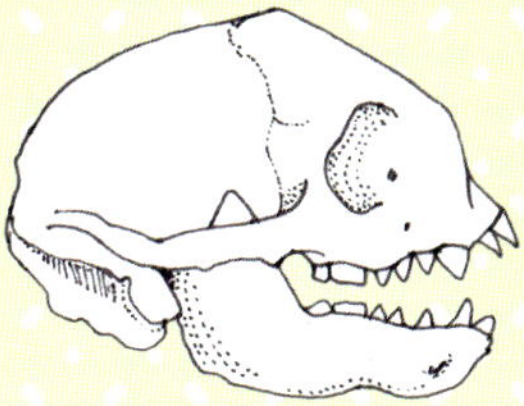

PRIMATES
OUISTITI PYGMÉE
(Callithrix pygmaea)

ARTIODACTYLES
CERF ÉLAPHE
(Cervus elaphus)

Des dentitions très particulières sont en outre liées à des habitudes alimentaires spécifiques. Prenons, par exemple, les **fanons des baleines** : un rideau de dents fines et mobiles qui sert à filtrer l'eau et retenir les minuscules organismes du plancton. Les **dauphins**, qui se nourrissent de poissons et de calmars, possèdent pour leur part des dents toutes identiques qui permettent d'attraper les proies visqueuses, mais sans pouvoir les réduire en morceaux ; les proies sont donc avalées entières. Les **rongeurs** ont de grandes incisives en scalpel qui s'usent rapidement, mais dont la croissance est constante. Il existe enfin des mammifères dépourvus de dents, comme les **fourmiliers**, les **pangolins** ou les **échidnés** : ils possèdent un museau tubulaire et se nourrissent de fourmis ou de termites qu'ils attrapent avec leur longue langue collante et qu'ils avalent sans mastiquer.

RONGEURS
CASTOR DU CANADA
(Castor canadensis)

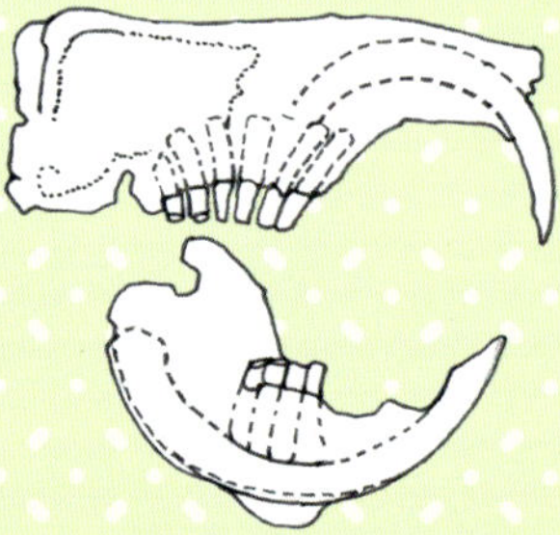

LES DENTS DES RONGEURS POSSÈDENT UNE CARACTÉRISTIQUE SPÉCIFIQUE : UNE CROISSANCE CONSTANTE QUI COMPENSE LEUR USURE RAPIDE.

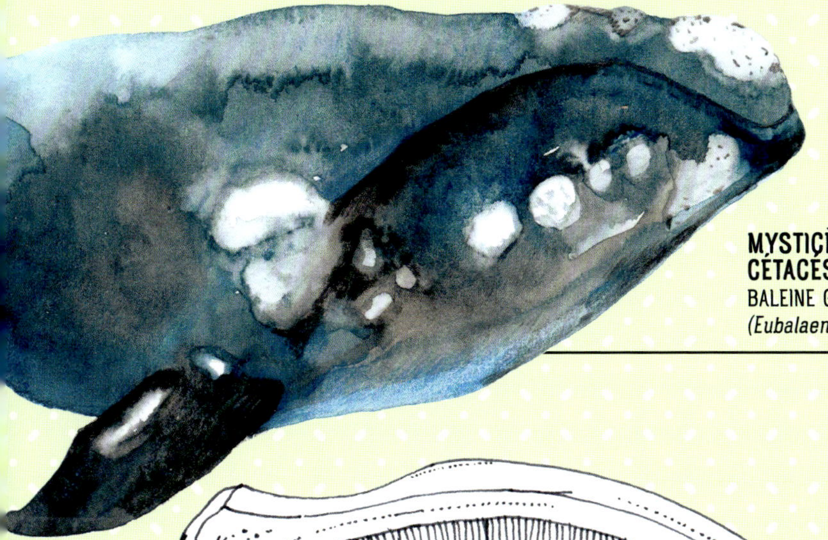

MYSTICÈTES OU CÉTACÉS À FANONS
BALEINE GRANCHE AUSTRALE
(Eubalaena australis)

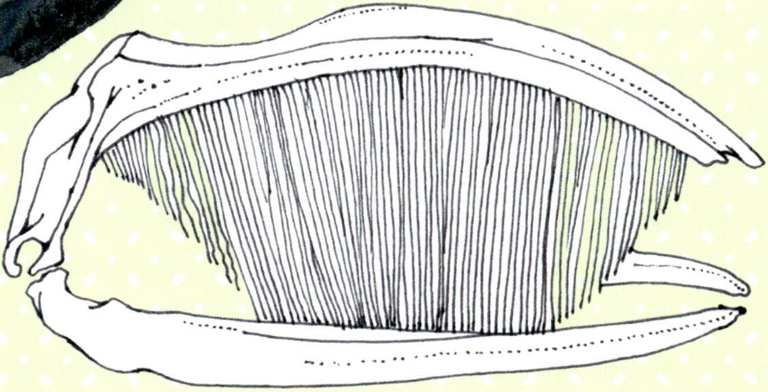

ODONTOCÈTES OU CÉTACÉS À DENTS
MARSOUIN COMMUN
(Phocoena phocoena)

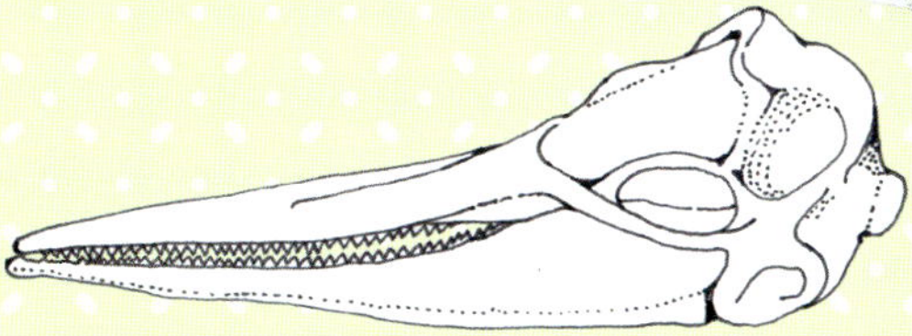

SOLITAIRE OU GRÉGAIRE

La vie sociale des mammifères présente elle aussi de nombreux cas de figure. Tous, y compris les très rares individus qui pondent des œufs, nourrissent leur progéniture avec le lait maternel. Pendant un certain laps de temps après la naissance, les nouveau-nés doivent donc rester avec leur mère, mais cette durée varie énormément : de quelques jours seulement pour les animaux les plus petits à plusieurs années chez les espèces les plus grandes. Ainsi, si les petits de la souris sont allaités durant deux semaines maximum, un bébé éléphant d'Afrique continue d'être nourri par sa mère pendant quatre à cinq ans, et un bébé orang-outan, jusqu'à l'âge de 8 ans en cas de faibles ressources en fruits ou autre denrée appropriée.

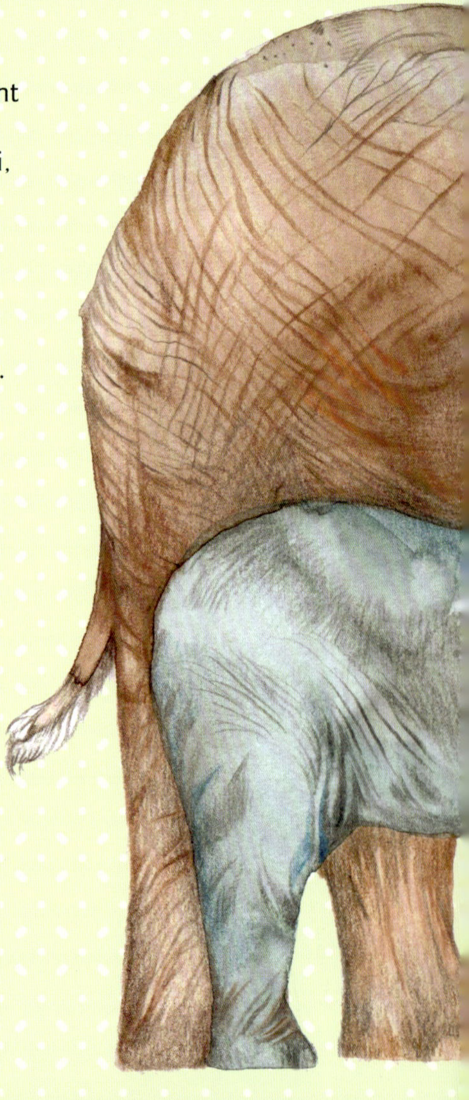

ÉLÉPHANT D'AFRIQUE FEMELLE (*Loxodonta africana*) AVEC SON PETIT.

MAMAN LÉOPARD (*Panthera pardus*)
S'OCCUPE SEULE DE SON PETIT.

Chez bon nombre d'espèces, seule la mère prend soin de ses petits en les nourrissant et en leur apprenant ce qu'ils doivent savoir pour survivre. Dans la plupart des cas, le père joue un rôle extrêmement limité dans l'élevage de la progéniture. Les solutions rencontrées dans ce domaine sont néanmoins très diverses. Sur plus de 5 000 espèces de mammifères, seulement 3 % environ des mâles et femelles forment un couple stable. Plus souvent, mâles et femelles occupent des territoires distincts et se retrouvent uniquement à la saison des amours ; ce comportement est par exemple typique des félins, à l'exception du lion qui vit en petits groupes composés d'un ou deux mâles et de plusieurs femelles avec leurs petits.

LES LIONS (*Panthera leo*) VIVENT EN TROUPE OÙ PLUSIEURS FEMELLES S'OCCUPENT DES PETITS.

Beaucoup d'espèces vivent en groupes plus ou moins nombreux ; ces derniers peuvent être constitués d'un certain nombre de femelles contrôlées par un mâle dominant (le fameux harem), de femelles uniquement, avec leurs petits, de mâles uniquement, ou bien des deux sexes, avec une organisation hiérarchique précise. Certains groupes comptent jusqu'à plusieurs centaines, voire milliers d'individus, surtout en des circonstances particulières, comme les migrations que plusieurs espèces accomplissent chaque année pour gagner des territoires où se nourrir et donner naissance à la progéniture. Les troupeaux de caribous (rennes sauvages) qui migrent chaque année en Amérique du Nord rassemblent plusieurs milliers d'individus, tout comme des millions de grues se déplacent en suivant la croissance de l'herbe dans les plaines entre le Kenya et la Tanzanie, en Afrique.

TROUPEAU DE CARIBOUS (*Rangifer tarandus*).

FAISONS MIEUX CONNAISSANCE

Nous avons dressé jusqu'à présent un tableau général des mammifères, avec leurs principales caractéristiques et leur grande diversité d'aspects et de comportements. Nous allons maintenant pouvoir entamer notre voyage à la découverte d'innombrables espèces, des plus connues aux plus surprenantes. Chacune s'accompagne d'un portrait en couleurs, d'une brève description et d'une fiche avec la taille et l'aire de répartition. À côté du nom, un sigle coloré indique le statut, l'état de conservation de l'espèce en question. L'Union internationale pour la conservation de la nature (UICN) s'occupe de contrôler la situation de chaque espèce et l'existence de menaces pour sa survie, telles que la chasse, la réduction de son habitat ou bien les transformations de son environnement. Une espèce qui ne rencontre aucun problème particulier sera rangée dans la catégorie Préoccupation mineure (LC) ; quand, en revanche, la population diminue, le statut passe par ordre croissant de

risque à Quasi menacé NT, Vulnérable VU, En danger EN, En danger critique CR, pour finir par l'extinction EX. Comme tu pourras le constater, malheureusement, nombreux sont les mammifères considérés comme en danger voire, pour certains, en danger critique.

Dernière précision. Pour chaque animal, au nom commun s'ajoute le nom scientifique. Ce dernier se compose de deux termes, le premier indiquant le genre, commun à plusieurs espèces semblables, et le second, l'espèce. Par exemple, lion et tigre appartiennent à la même famille, les félins (félidés), et au même genre, *Panthera* ; les noms scientifiques correspondants sont donc *Panthera leo* et *Panthera tigris*.

Il s'agit de termes en latin, qui était autrefois la langue de tous les savants ; le nom scientifique est très important car il identifie sans la moindre ambiguïté une espèce en particulier, qui pourra en revanche porter des noms très différents dans les diverses langues.

ARCTIQUE ET ANTARCTIQUE

AU ROYAUME DES GLACES

RENARD POLAIRE
(Vulpes lagopus)

Les deux pôles, à l'extrême nord et à l'extrême sud du globe, sont le royaume du froid. Au nord, la mer est en grande partie gelée tout au long de l'année et les terres qui l'entourent n'offrent qu'un bref été. Au sud, l'Antarctique est un continent plus grand que l'Europe et recouvert en permanence de glaces pouvant dépasser 1 000 mètres d'épaisseur. Les eaux glaciales qui baignent les pôles regorgent de nourriture pour des mammifères qui résistent au froid grâce à une abondante couche de graisse sous-cutanée : baleines et autres cétacés, phoques, morses. L'Antarctique ne compte aucun mammifère terrestre, tandis que les terres autour du pôle Nord abritent l'ours blanc (illustration), le loup, le renard polaire, le bœuf musqué, les rennes et de petits rongeurs, tous protégés du froid par une épaisse fourrure.

1. OURS BLANC *(Ursus maritimus)* VU

L'ours blanc, ou ours polaire, est un grand carnivore étroitement lié aux glaces flottantes. L'épaisse fourrure paraît blanche car les poils creux, en réalité incolores, reflètent la lumière. Sa technique de chasse la plus fréquente consiste à guetter au bord des trous dans la banquise les phoques qui remontent pour respirer, mais il capture aussi ses proies dans l'eau, à commencer par des cétacés comme des narvals et des bélugas, ou bien des morses. Il peut nager sur des centaines de kilomètres en quête d'un bon territoire de chasse. La femelle donne naissance à deux ou trois petits dans une tanière creusée dans la neige, où elle reste durant quatre à cinq mois pour les allaiter, sans manger.

Taille : mâle, 240 à 300 cm ; femelle, 180 à 200 cm

Poids : mâle, 350 à 800 kg ; femelle, 150 à 300 kg

Aire de répartition : mer glaciale Arctique et terres environnantes

2. PHOQUE RUBANÉ *(Histriophoca fasciata)*

Il doit son nom à sa livrée, qui le distingue de tous les autres phoques : fourrure noire avec quatre larges bandes blanches en forme d'anneaux autour du cou, des nageoires antérieures et de la queue. Il vit au bord de la banquise, en groupes peu nombreux qui chassent poissons, crustacés et céphalopodes dans les eaux profondes et se reposent sur la glace mince, à l'abri de la plupart des prédateurs. Les petits naissent sur la glace et sont allaités quatre à six semaines.

Taille : 165 à 175 cm **Poids :** 72 à 90 kg

Aire de répartition : océan Arctique et Pacifique Nord

2

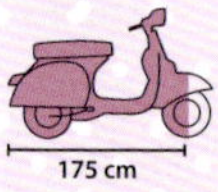

1

Le plus grand carnivore terrestre.

Il peut plonger jusqu'à 600 mètres de profondeur.

3. MORSE *(Odobenus rosmarus)* VU

Pinnipède, comme les phoques et les otaries : ses membres se sont transformés en nageoires pour faciliter le déplacement dans l'eau. Vivant en denses colonies sur des îlots rocheux ou des glaces flottantes, le morse se nourrit dans l'eau, surtout de mollusques et autres petits animaux marins qu'il capture sur le fond. Les nombreuses vibrisses semblables à des moustaches lui permettent d'identifier ses proies au toucher, dans la mesure où sa vue est très basse. Les défenses (canines supérieures) sont plus longues chez les mâles ; elles servent à fouiller le fond pour débusquer les mollusques, mais constituent également une arme très dissuasive.

Taille : mâle, 320 cm ; femelle, 270 cm

Poids : mâle, 1 200 à 1 500 kg ; femelle, 600 à 850 kg

Aire de répartition : océan Arctique et terres environnantes

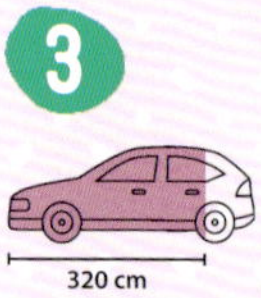

Les défenses peuvent mesurer jusqu'à 90 cm de long.

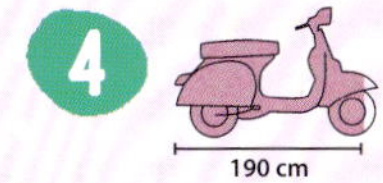

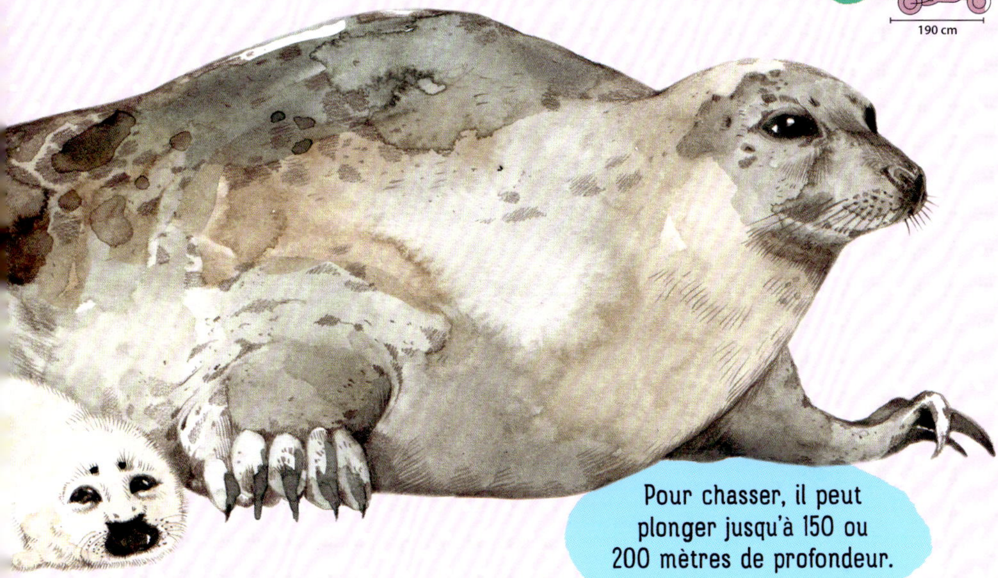

Pour chasser, il peut plonger jusqu'à 150 ou 200 mètres de profondeur.

4. PHOQUE DU GROENLAND

(Pagophilus groenlandicus)

Également appelé phoque à selle en raison de la tache brune caractéristique sur le dos et les flancs. Il vit sur les glaces flottantes au bord de la banquise, se nourrit surtout de poissons et gagne très rarement la terre. Les petits naissent sur la glace et sont recouverts d'un long duvet blanc durant la première semaine de vie ; allaités une douzaine de jours, ils restent ensuite seuls sur la banquise jusqu'à ce que leur fourrure soit remplacée par un pelage imperméable leur permettant de plonger et de commencer à chasser.

Taille : 168 à 190 cm **Poids :** 120 à 135 kg

Aire de répartition : océan Arctique et Atlantique Nord

5. LÉOPARD DE MER *(Hydrurga leptonyx)*

Grand phoque au long corps élancé et à la tête massive, doté d'une impressionnante dentition. Son nom vient aussi bien de son pelage tacheté que de ses qualités de prédateur. Il passe la plupart de son temps dans l'eau, où il nage avec beaucoup d'aisance, tandis qu'il se déplace avec maladresse sur la glace. Les petits crustacés constituant le krill occupent une place majeure dans son alimentation, mais il capture également des manchots et d'autres oiseaux de mer, de jeunes phoques et des otaries.

Taille : 300 à 380 cm **Poids :** 300 à 500 kg

Aire de répartition : banquise tout autour de l'Antarctique

5

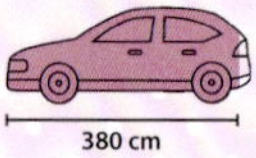

6. ORQUE *(Orcinus orca)*

Grand cétacé au corps fuselé possédant une livrée noir et blanc caractéristique et une grande nageoire dorsale triangulaire. Formidable prédateur, l'orque peut capturer de gros poissons, requins compris, des manchots, phoques et lions de mer, des dauphins, voire des baleines. Elle vit en groupes comptant plusieurs dizaines d'individus apparentés entre eux, qui collaborent pour chasser, surtout les plus grosses proies, et qui communiquent par divers sons et sifflements. Chaque groupe utilise une gamme de sons distincts de ceux d'un autre groupe, comme s'il parlait un dialecte propre.

Taille : 700 à 975 cm **Poids :** 7 200 kg

Aire de répartition : toutes les mers, mais de préférence les eaux froides arctiques et antarctiques

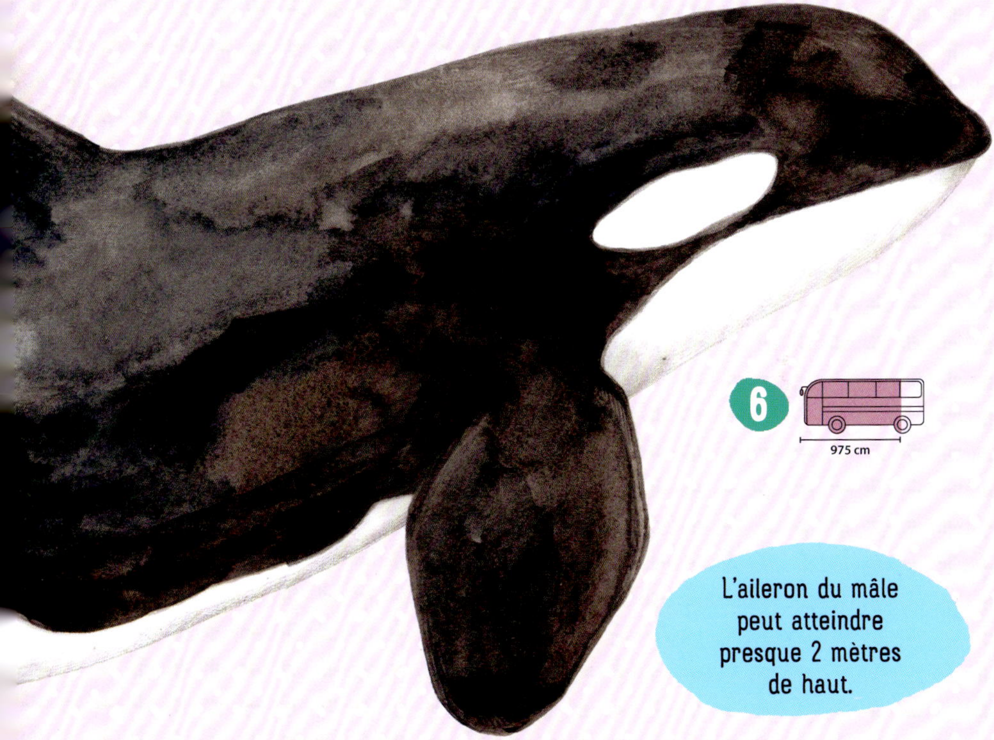

L'aileron du mâle peut atteindre presque 2 mètres de haut.

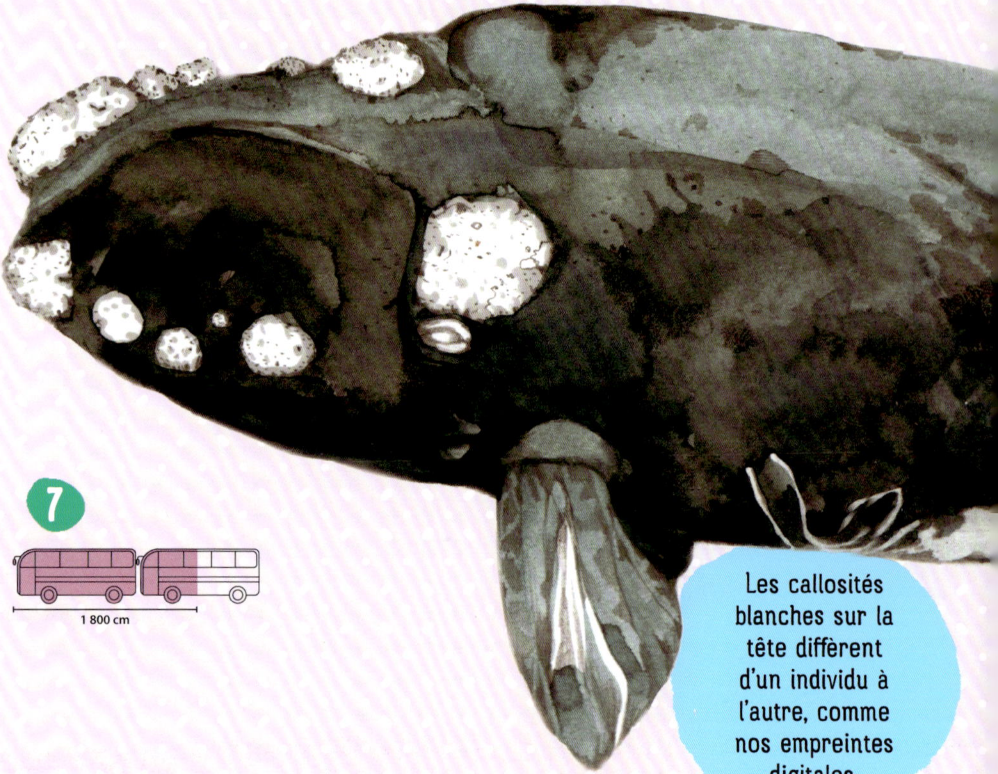

7

1 800 cm

Les callosités blanches sur la tête diffèrent d'un individu à l'autre, comme nos empreintes digitales.

7. BALEINE FRANCHE AUSTRALE

(Eubalaena australis)

Vivant dans les eaux froides de l'hémisphère Sud (une espèce semblable, la baleine boréale, peuple pour sa part les eaux de l'Arctique), la baleine franche australe possède un corps trapu, sans aileron dorsal, avec une grosse tête représentant jusqu'à un quart du corps et une bouche fortement arquée. Les dents laissent place à des centaines de fanons (lames cornées) mesurant jusqu'à 3 mètres de long, grâce auxquels le cétacé filtre l'eau pour retenir les petits animaux marins dont il se nourrit. Elle fut l'une des baleines les plus chassées pour l'huile extraite de leur graisse et leur chair, au point de risquer l'extermination. Depuis 1937, un accord international interdit sa chasse et l'espèce semble enregistrer une lente reprise.

Taille : 1 600 à 1 800 cm **Poids :** 36 000 à 70 000 kg

Aire de répartition : mers autour de l'Antarctique

8

620 cm

La plus longue dent de tout le règne animal : jusqu'à 3 mètres.

8. NARVAL *(Monodon monoceros)*

Cétacé de taille moyenne, répandu dans les eaux froides de l'extrême Nord. Le mâle est incomparable avec sa très longue défense pointue qui prolonge son museau. Les narvals ne possèdent que deux canines, et chez les mâles (très rarement chez les femelles) l'une de ces dents (la gauche) pousse en perçant la lèvre et en ne cessant de croître durant toute la vie de l'animal. Nul ne sait précisément à quoi elle sert : utilisée parfois pour assommer les proies, elle est surtout riche en terminaisons nerveuses qui transmettent des informations sur les conditions de l'eau. Le narval se nourrit de poissons et de calmars, et peut chasser en plongeant jusqu'à 1 500 mètres de profondeur.

Taille : 360 à 620 cm (sans la dent) **Poids :** 900 à 1 600 kg

Aire de répartition : Arctique, au nord du cercle polaire

9. BÉLUGA *(Delphinapterus leucas)*

Incomparable cétacé à la peau d'un blanc laiteux, au corps cylindrique, sans aileron, et dont la grosse tête présente une proéminence (« melon ») consistant en une masse de tissu spongieux grâce à laquelle les cétacés repèrent obstacles et proies par écholocation. Les mâles et les femelles avec leurs petits forment généralement des groupes séparés, mais là où les proies abondent, ces derniers peuvent se rassembler et finir par compter des milliers d'individus.

Taille : 300 à 460 cm **Poids :** 1 350 à 1 500 kg

Aire de répartition : Atlantique et Pacifique Nord, le long des côtes de l'Alaska, du Canada, du Groenland et de la Russie

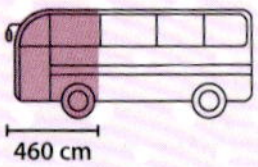

LES CANARIS DE LA MER

Le béluga est considéré comme l'un des cétacés les plus « bavards ». Il produit une large gamme de sons divers, cliquetis, sifflements et, surtout, de mélodieux gazouillis rappelant ceux de certains oiseaux, d'où son surnom de « canari de la mer ». Il s'agit d'animaux très sociaux qui forment des groupes nombreux et communiquent en permanence par ces appels musicaux.

CINQ ANS POUR DEVENIR BLANC

À peine né, le jeune béluga est déjà en mesure de nager à côté de sa mère. Grise à la naissance, sa peau s'éclaircit progressivement et devient blanche vers l'âge de 5 ans.

10. GLOUTON *(Gulo gulo)*

Vivant dans les régions septentrionales d'Amérique, d'Europe et d'Asie, le glouton est un formidable chasseur aux dents aiguisées et aux griffes acérées, qui peut s'attaquer à des proies quatre ou cinq fois plus grosses que lui. Très agressif, il réussit parfois à mettre en fuite un ours ou une meute de loups pour s'emparer des proies capturées. Il s'agit d'un animal solitaire ; mâles et femelles occupent et défendent de très vastes territoires de chasse et ne restent ensemble que durant la brève période de reproduction.

Taille : 65 à 105 cm ; queue de 13 à 26 cm
Poids : 9 à 13 kg
Aire de répartition : Amérique du Nord et nord de l'Eurasie

10

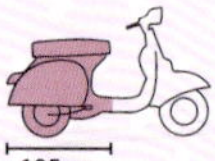

Très puissante, sa dentition lui permet de briser même les os.

11. RENARD POLAIRE *(Vulpes lagopus)*

Répandu dans toutes les régions autour du pôle Nord. Des adaptations spécifiques lui permettent de demeurer sur ces terres même lors des hivers très rigoureux : une douce fourrure très épaisse, de petites oreilles et de courtes pattes pour limiter la déperdition de chaleur, des pieds couverts de poils y compris sur la plante, pour mieux isoler de la neige et de la glace. Le pelage change de couleur pour renforcer le camouflage : brun l'été, il devient blanc l'hiver. Ce prédateur opportuniste se nourrit de petits animaux, d'œufs et de poussins, de baies et de charognes ; il cache des réserves de nourriture pour l'hiver et suit souvent l'ours blanc pour profiter des restes de ses repas.

Taille : 40 à 68 cm ; queue de 30 cm **Poids :** mâle, 3 à 5 kg ; femelle, 2 à 3 kg

Aire de répartition : extrême nord de l'Asie, de l'Europe et de l'Amérique, et îles arctiques

11

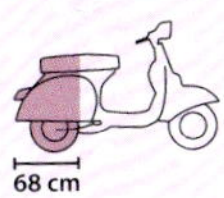

De tous les mammifères, il est celui dont la fourrure isole le mieux du froid.

12. RENNE *(Rangifer tarandus)* VU

Ongulé de la famille des cervidés. Comme tous les autres membres de cette famille, le renne porte sur sa tête des bois, des structures semblables à des cornes mais qui, contrairement à ces dernières, tombent et repoussent chaque année. À la différence de tous les autres cervidés, de nombreuses femelles possèdent elles aussi des bois, mais bien moins développés que ceux des mâles. Présent dans la toundra, le renne forme des troupeaux très nombreux ; certaines populations septentrionales effectuent à l'automne de longues migrations pour gagner des régions au climat moins rigoureux et où la nourriture est plus abondante.

Taille : 150 à 230 cm **Poids :** 55 à 250 kg

Aire de répartition : toutes les terres arctiques autour du pôle Nord

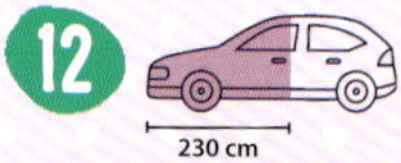

Le renne du Père Noël est la forme domestique élevée dans bon nombre de pays nordiques.

13

Seul rongeur qui devient entièrement blanc l'hiver.

13. LEMMING À COLLIER DU NORD

(Dicrostonyx groenlandicus)

Les lemmings sont de petits rongeurs au corps trapu et à l'épaisse fourrure. Cette espèce vit toute l'année dans la toundra. Elle creuse dans le sol ou la neige des galeries qui peuvent atteindre 6 mètres de long et mènent à un nid garni de mousse et d'herbes sèches où les petits voient le jour. Une femelle peut déjà se reproduire à l'âge de 40 jours et avoir trois portées par an, avec jusqu'à une dizaine de petits à chaque fois. Voilà pourquoi les populations de lemmings ont souvent une évolution cyclique : leur nombre augmente très rapidement pendant quelques années, avant de diminuer radicalement car les ressources ne sont pas suffisantes pour tous.

Taille : 10 à 16 cm ; queue de 1 à 2 cm

Poids : 30 à 112 g

Aire de répartition : Alaska, nord du Canada, îles arctiques et Sibérie

Appelé *qiviut*, son sous-poil est huit fois plus chaud que la laine.

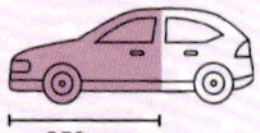

14. BŒUF MUSQUÉ *(Ovibos moschatus)*

Présent dans la toundra au-dessus de la limite septentrionale des arbres, le bœuf musqué vit en groupes composés de quelques dizaines d'individus. Malgré son nom et son aspect, il est plus apparenté aux chèvres qu'aux bovins. Il possède un corps massif, de courtes pattes et une grosse tête avec des cornes chez les deux sexes. Jointes à leur base sur le front, les cornes forment une plaque osseuse atteignant 12 à 15 centimètres d'épaisseur chez les mâles, qui s'affrontent par de violents coups de tête pour établir une hiérarchie de dominance au sein des groupes. Le pelage consiste en un épais poil de couverture long et rêche protégeant du vent et de la neige, et un sous-poil très soyeux qui pousse à l'automne et tombe au printemps, isolant du gel hivernal.

Taille : mâle, 200 à 250 cm ; femelle, 135 à 200 cm

Poids : mâle, 300 à 400 kg ; femelle, 180 à 275 kg

Aire de répartition : Canada, Groenland et Alaska ; introduit en Norvège, Russie et Sibérie

UN MUR DE CORNES

Lourds et massifs, les bœufs musqués ne peuvent pas compter sur la vitesse pour échapper aux attaques d'un ours blanc ou d'une meute de loups. Pour se défendre, et surtout pour protéger les veaux qui sont des proies faciles, ils adoptent donc une stratégie très particulière. Ils se disposent en rang serré dans le cas d'un seul assaillant, ou bien ils forment un cercle avec les veaux au milieu si l'attaque vient de plusieurs directions. Les prédateurs se heurtent alors à un rempart de cornes et abandonnent souvent la partie.

DANS LES ANCIENNES FORÊTS DE PLAINE

LOUP
(Canis lupus)

Jadis, les plaines d'Europe étaient recouvertes de forêts qui s'étendaient à perte de vue, presque sans interruption. Au fil des siècles, ces vastes forêts ont progressivement été coupées pour laisser place aux champs cultivés et aux habitats humains. De cette verdure sauvage et de la riche faune qui la peuplait il ne subsiste aujourd'hui que de rares exemples isolés, surtout dans le secteur oriental du continent où les grands arbres centenaires (chênes, hêtres, érables, charmes, peupliers) abritent encore une faune abondante, avec de gros herbivores comme le majestueux cerf élaphe (illustration) et des prédateurs furtifs, tels que le loup ou le lynx. Les derniers exemplaires de bison européen se rencontrent même dans les forêts de la Pologne orientale et de la Biélorussie voisine.

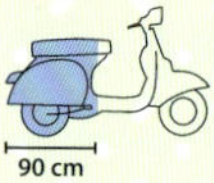

Il partage parfois son réseau de terriers avec le renard.

1. BLAIREAU EUROPÉEN *(Meles meles)*

Le blaireau possède un corps massif et de courtes pattes armées de fortes griffes dont il se sert surtout pour creuser les profonds terriers où il vit. Le pelage dru et gris devient noir sur les pattes et le ventre, et des bandes longitudinales noires parcourent la tête blanche. Cet animal nocturne mène une existence solitaire ou bien forme des groupes comptant jusqu'à vingt individus. Il occupe un vaste réseau de terriers, avec plusieurs chambres et ouvertures. L'hiver, il réduit son activité mais n'entre pas en léthargie. Omnivore, il a une préférence pour les lombrics mais mange également des insectes (surtout des guêpes) et de petits animaux, des fruits et des céréales.

Taille : 56 à 90 cm ; queue de 11 à 20 cm
Poids : mâle, 9 à 16,7 kg ; femelle, 6,6 à 14 kg
Aire de répartition : Europe et Asie

2. CHEVREUIL *(Capreolus capreolus)*

Petit cervidé élancé aux longues pattes fines et à la queue très courte. Le pelage est brun-roux, plus grisâtre l'hiver, quand une tache claire apparaît nettement sur la gorge et le fessier. Le mâle porte des bois plutôt courts, à trois andouillers, qui tombent et repoussent chaque année. Le chevreuil affectionne les forêts à l'épais sous-bois, entourées de prairies et de champs cultivés. Le jour, il se tient à couvert, sortant au coucher du soleil pour pâturer en consommant herbes, feuilles tendres et jeunes pousses.

Taille : 105 à 126 cm **Poids :** 22 à 30 kg
Aire de répartition : Europe, Asie du Nord et Chine

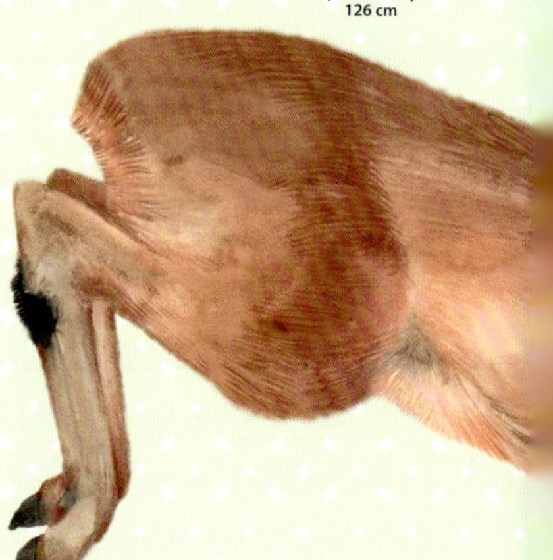

3. SANGLIER *(Sus scrofa)*

Le sanglier possède un corps très robuste, avec de courtes pattes et une grosse tête (environ un tiers de la longueur totale) au museau allongé se terminant par un disque cartilagineux, le groin, qui sert à fouiller le sol en quête de nourriture. Les mâles sont plus grands, avec un poil plus épais sur les épaules et le cou qui, l'hiver, forme une sorte de crinière, et de longues canines pointues, les supérieures se recourbant aussi vers le haut durant la croissance. Il vit de préférence dans les bois, mais cherche également sa nourriture dans les champs cultivés ; il consomme glands, châtaignes, tubercules et racines, ainsi que des insectes et de petits animaux. Il s'agit de l'ancêtre du porc domestique.

Taille : 120 à 200 cm **Poids :** mâle, 80 à 200 kg ; femelle, 60 à 150 kg

Aire de répartition : Europe et Asie centrale et méridionale ; introduit en Amérique et en Australie

3

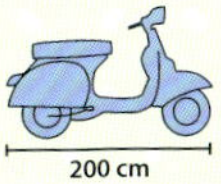

Les défenses du mâle sont visibles même avec la gueule fermée.

Les mâles marquent leur territoire en frottant leurs bois contre de jeunes arbres jusqu'à retirer l'écorce du tronc.

Des touffes de poils à l'extrémité des oreilles (pinceaux) et sur les joues (favoris).

4. LYNX BORÉAL *(Lynx lynx)*

Il s'agit de la plus grande des quatre espèces de lynx et du troisième prédateur européen en termes de taille, après l'ours brun et le loup. Possédant un corps élancé et de longues pattes, le lynx boréal revêt un pelage fauve tacheté de noir. Cet animal nocturne chasse surtout à l'affût, capturant de jeunes chevreuils, des lièvres et des oiseaux. Fréquentant les forêts denses, il est désormais extrêmement rare. Il mène une vie solitaire, seuls les petits restant quelques mois avec leur mère pour apprendre à chasser avant que chacun ne parte en quête de son propre territoire. Une autre espèce, le lynx pardelle (*Lynx pardinus*), compte de très rares exemplaires en Espagne et au Portugal, plus petits et à la livrée plus tachetée.

Taille : 70 à 130 cm **Poids :** 18 à 36 kg

Aire de répartition : Scandinavie, Europe de l'Est, Asie centrale

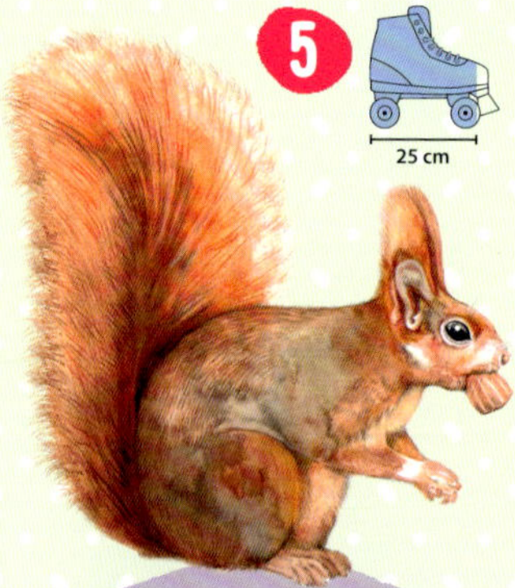

5. ÉCUREUIL ROUX *(Sciurus vulgaris)*

Passant sa vie dans les arbres, il se déplace avec beaucoup d'agilité sur les branches et les troncs et bondit d'arbre en arbre. La couleur du pelage varie du fauve au brun foncé, presque noir. Actif le jour, il construit des nids sphériques en brindilles et se nourrit de noix et noisettes qu'il ouvre avec ses très robustes incisives, de faînes, glands, champignons et graines de conifères. Il fait des réserves pour l'hiver en enfouissant les graines dans le sol et contribue ainsi à la croissance des forêts.

Taille : 18 à 25 cm ; queue de 14 à 20 cm

Poids : 600 g

Aire de répartition : Europe et Asie du Nord

Sa longue queue touffue l'aide à garder l'équilibre lors des courses et pour les sauts.

6. CERF ÉLAPHE *(Cervus elaphus)*

Le cerf élaphe, ou cerf rouge, est un grand herbivore à l'apparence agile et robuste, avec de longues pattes et un pelage brun-roux l'été et plus grisâtre l'hiver. Les mâles portent de grands bois qui tombent chaque année après la saison des amours et qui repoussent le printemps suivant, en augmentant de taille et en se ramifiant. Durant l'année, les mâles forment des petits groupes séparés et à la fin de l'été, ils rejoignent les femelles pour s'accoupler. Ils se défient par de puissants brames (cri entre le mugissement et le rugissement) témoignant de leur force ; quand cette démonstration ne suffit pas pour convaincre le plus faible de s'éloigner, les rivaux s'affrontent avec acharnement bois contre bois.

Taille : mâle, 175 à 250 cm ; femelle, 160 à 210 cm
Poids : mâle, 160 à 240 kg ; femelle, 120 à 170 kg
Aire de répartition : Europe, Afrique du Nord et Asie ; introduit en Amérique du Nord, Argentine, Australie, Nouvelle-Zélande

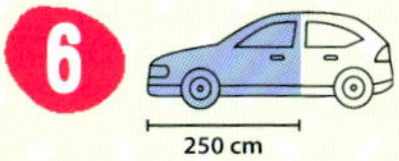

Les bois d'un mâle adulte peuvent peser jusqu'à 25 kilos.

AU PIED DES GRANDES MONTAGNES

LIÈVRE VARIABLE
(Lepus timidus)

Principale chaîne de montagnes d'Europe, les Alpes s'étirent en arc sur plus de 1 000 kilomètres, avec plusieurs centaines de sommets dépassant 3 000 mètres et 82 de plus de 4 000 mètres. Les milieux changent à mesure que l'altitude progresse : des forêts aux prairies, pierriers et moraines, jusqu'aux cimes où plus aucune plante ne pousse. L'hiver est parfois très froid et neigeux, et au-dessus d'une certaine altitude, seuls des animaux extrêmement résistants peuvent survivre. Certains, comme la marmotte, entrent en léthargie dans un terrier souterrain, tandis que les autres restent actifs, se contentant des maigres ressources disponibles. Ongulé aux grandes cornes torsadées, le bouquetin (illustration) règne en maître sur ces environnements escarpés ; en automne, il est possible d'entendre les bruits secs produits par le choc des cornes, quand les mâles s'affrontent violemment à coups de tête pour établir une hiérarchie de dominance.

1

Il court la queue dressée à la verticale.

1. CAMPAGNOL DES NEIGES

(Chionomys nivalis)

Ce petit rongeur vit dans les prairies alpines au-dessus de la limite des arbres. Il possède une épaisse fourrure grise et une longue queue plus claire. Surtout diurne, il se nourrit d'herbes, jeunes pousses, graines et baies. Il construit un nid d'herbes et de feuilles sèches dans les rochers, où il élève ses petits, et s'installe aussi souvent dans les chalets. L'hiver il reste actif, se déplaçant sous la couche de neige et consommant les réserves de foin qu'il a constituées à la belle saison en faisant sécher tiges et feuilles au soleil.

Taille : 11 à 14 cm ; queue de 5 à 7,50 cm

Poids : 28 à 57 g

Aire de répartition : Europe méridionale et orientale, Turquie

2. MARMOTTE *(Marmota marmota)*

Rongeur au corps massif, avec une grosse tête ronde, de robustes incisives, de courtes pattes munies de fortes griffes et une queue de longueur moyenne. Elle vit dans les Alpes et les prairies ouvertes au-dessus de la limite des arbres. Se tenant toute l'année dans cet environnement, elle occupe de profonds terriers creusés dans le sol et reliés par un réseau de galeries, avec plusieurs sorties. Du printemps à l'automne, elle mange autant que possible afin de constituer une réserve de graisse pour l'hiver, quand elle entre en léthargie dans un profond terrier garni d'herbes sèches.

Taille : 50 à 58 cm ; queue de 14 à 19 cm **Poids :** 3 à 4,5 kg

Aire de répartition : Alpes, Carpates ; réintroduite dans les Pyrénées, où l'espèce était éteinte

2

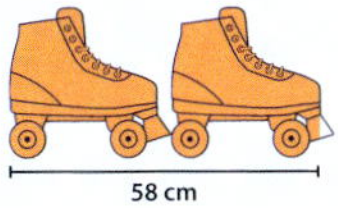

Un cri strident donne l'alerte et pousse les marmottes à se réfugier dans leur terrier.

3 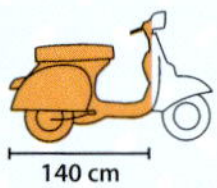

Le nombre d'anneaux présents sur la corne correspond à l'âge de l'animal.

3. BOUQUETIN

(Capra ibex)

Chèvre à l'apparence robuste et trapue, le bouquetin vit dans la montagne en demeurant presque toute l'année à haute altitude, au-dessus de la limite des arbres. Malgré son aspect massif, il est très agile et se déplace aisément même sur les rochers les plus escarpés. Le mâle est plus grand et lourd que la femelle et possède deux longues cornes recourbées vers l'arrière, avec de nettes protubérances semblables à des anneaux sur la face avant ; les cornes de la femelle sont beaucoup plus courtes. Femelles et chevreaux forment de petits troupeaux ; les mâles vivent seuls ou en groupes restreints et ne rejoignent les femelles que l'hiver, à la saison des amours.

Taille : 120 à 140 cm

Poids : mâle, 80 à 100 kg ; femelle, 30 à 50 kg

Aire de répartition : Alpes et quelques chaînes montagneuses d'Asie centrale

4. CHAMOIS *(Rupicapra rupicapra)*

Vivant à la limite supérieure des arbres, le chamois monte en altitude l'été pour pâturer dans les prairies ouvertes et descend l'hiver dans la forêt où la neige est moins haute, pour se nourrir de lichens, mousse et rameaux de conifères. Femelles et jeunes forment des troupeaux ; les mâles adultes mènent une existence solitaire et ne rejoignent les hardes qu'à l'automne, pour la saison des amours. En cas de danger, le chamois se réfugie sur les rochers les plus escarpés, où il évolue avec beaucoup d'agilité. Mâles et femelles possèdent des cornes, courtes, droites et à l'extrémité repliée en crochet. Les Pyrénées abritent une espèce différente, l'isard (*Rupicapra pyrenaica*), et une sous-espèce, *Rupicapra pyrenaica ornata*, vit dans les Apennins.

Taille : 110 à 135 cm **Poids :** mâle, 32 à 45 kg ; femelle, 22 à 32 kg

Aire de répartition : Alpes et autres montagnes européennes

4

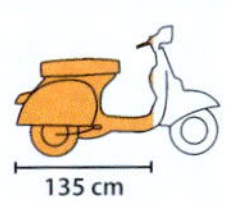

Un chamois a été observé à 4 750 mètres d'altitude, soit un peu au-dessous de la cime du mont Blanc.

UN HABITAT POUR CHAQUE SAISON

La possibilité de changer de couleur de pelage pour mieux échapper à la vue des prédateurs compte aussi parmi les adaptations que les mammifères ont développées pour demeurer, même l'hiver, aux altitudes les plus hautes, sur le sol couvert de neige. Cette stratégie est adoptée par deux espèces vivant dans les Alpes : l'hermine et le lièvre variable. Tous deux revêtent une livrée marron l'été, mais muent à l'arrivée de l'hiver, des poils blancs remplaçant leurs poils bruns. Il devient dès lors très difficile de les repérer quand ils se déplacent à découvert sur la neige, surtout pour un prédateur inspectant le sol du haut des airs, comme l'aigle royal. À l'inverse, une coloration brune renforce le camouflage en été.

5. LIÈVRE VARIABLE *(Lepus timidus)*

Semblable au lièvre commun, mais plus petit, avec un corps plus compact et des oreilles plus courtes. Le pelage est brun grisâtre l'été et devient blanc à partir d'octobre, jusqu'en février, avant de reprendre sa couleur initiale. Il s'agit d'un animal solitaire, même les lapereaux quittant leur mère à peine sevrés. Il se nourrit d'herbes, de baies et de champignons, ainsi que de rameaux, d'écorces, de racines et de lichens l'hiver. Actif la nuit, il se tient le jour à l'abri d'un rocher ou d'une grosse racine ; les empreintes de ses grands pieds postérieurs sont très visibles dans la neige et souvent, avant de s'arrêter pour se reposer, il exécute un grand bond sur le côté pour désorienter un éventuel prédateur.

Taille : 43 à 61 cm **Poids :** 1,4 à 4,7 kg **Aire de répartition :** Alpes, Europe et Asie du Nord

Quasiment invisible sur le sol recouvert de neige.

LIVRÉE HIVERNALE

LIVRÉE ESTIVALE

6. HERMINE *(Mustela erminea)*

L'hermine est un petit mustélidé extrêmement agile au mince corps allongé et aux pattes courtes, une conformation lui permettant de se glisser aisément entre les rochers et dans les terriers des rongeurs quand elle chasse. Le pelage est brun chocolat, avec les parties inférieures blanchâtres l'été, et devient entièrement blanc l'hiver, la livrée offrant des taches blanches et brunes aux saisons intermédiaires ; l'extrémité de la queue est toujours noire. Solitaire, l'hermine chasse surtout la nuit, capturant de petits rongeurs, mais aussi des lièvres variables et de petits oiseaux.

Taille : 17 à 33 cm ; queue de 4,20 à 12 cm

Poids : mâle, 67 à 116 g ; femelle, 25 à 80 g

Aire de répartition : régions septentrionales d'Europe, Asie et Amérique ; introduite en Nouvelle-Zélande

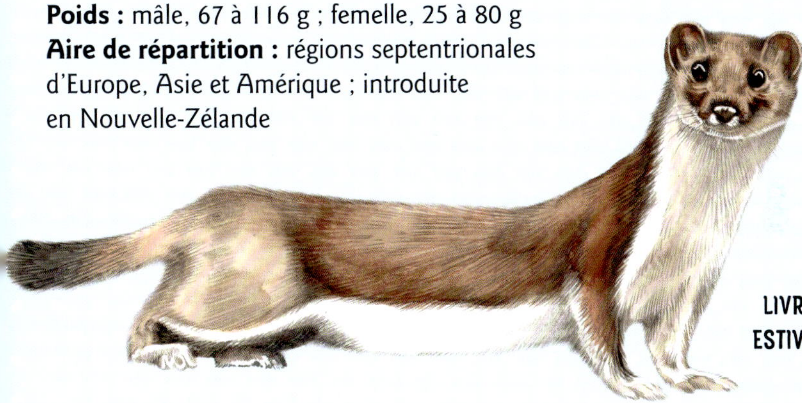

LIVRÉE ESTIVALE

LIVRÉE HIVERNALE

Toujours en mouvement, elle peut parcourir jusqu'à 15 kilomètres en une nuit.

LIVRÉE INTERMÉDIAIRE

ENTRE MER ET MAQUIS

RENARD ROUX
(Vulpes vulpes)

La Méditerranée est une mer fermée, presque entièrement entourée de terres et constellée d'îles parfois de taille notable, comme la Sicile, la Sardaigne, la Corse et la Crète. Les mammifères de cette zone sont donc des animaux aussi bien marins que terrestres. Bien que ses côtes soient densément peuplées, surtout l'été quand les plages accueillent des millions de personnes, et que des routes très fréquentées sillonnent ses eaux, la mer abrite de nombreuses espèces de cétacés, dont le grand cachalot et le dauphin commun (illustration), sans oublier un pinnipède désormais très rare et menacé d'extinction, le phoque moine qui trouve refuge dans les grottes au pied des falaises. Parmi les mammifères terrestres peuplant les forêts côtières et le maquis, citons principalement des carnivores tels que le renard roux et l'agile genette, et des rongeurs comme le porc-épic à crête et le lapin de garenne.

Pesant jusqu'à
9 kilos, son cerveau est
le plus gros de tous les
mammifères.

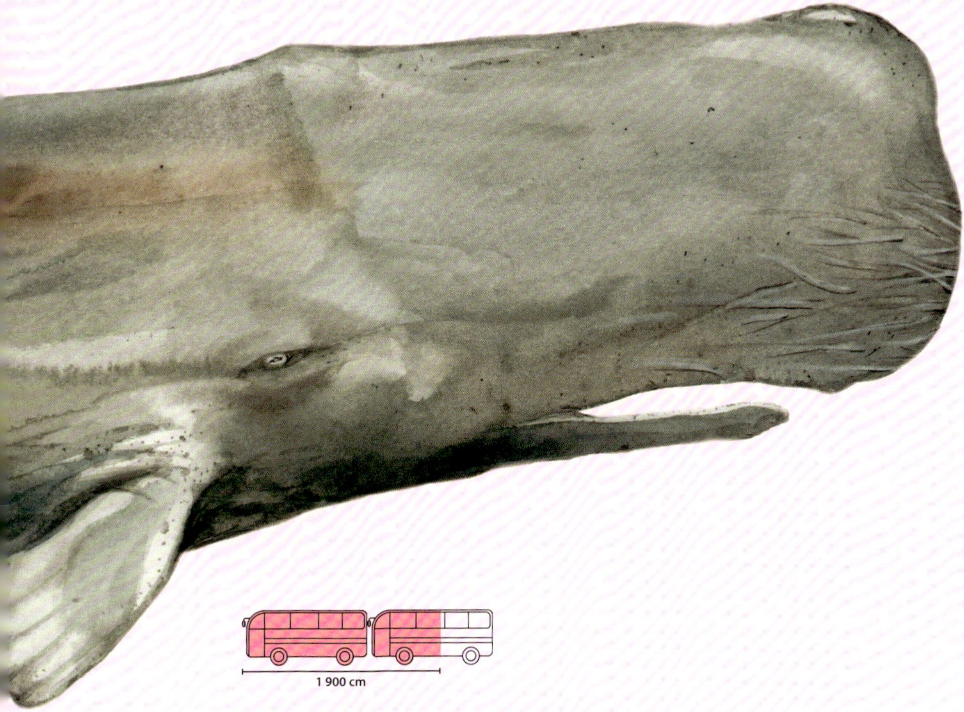

1. GRAND CACHALOT *(Physeter catodon)* VU

Baleine à dents, mais seulement sur la mâchoire inférieure qui, longue et étroite, contraste avec l'énorme tête carrée. Cette dernière renferme une substance oléo-cireuse (spermaceti), autrefois très recherchée pour l'huile très fine qui en était extraite ; la chasse dont cette espèce a donc fait l'objet l'a même menacée d'extinction. Le grand cachalot n'a pas d'aileron dorsal mais une série de protubérances semblables à de petites bosses. Les mâles font presque le double des femelles et mènent une existence solitaire, tandis que les femelles et les juvéniles vivent en groupe. Le grand cachalot se nourrit de calmars, calmars géants, pieuvres et gros poissons (requins compris), et peut plonger jusqu'à plus de 2 000 mètres de profondeur, restant sous l'eau parfois plus d'une heure avant de remonter à la surface pour respirer.

Taille : 1 400 à 1 900 cm **Poids :** 35 000 à 50 000 kg

Aire de répartition : tous les océans ; plus répandu dans les eaux tempérées ou tropicales

Dauphin le plus courant dans les delphinariums, il se mêle aux nageurs dans certaines localités.

2

3

Il dort avec un œil fermé et l'autre ouvert, changeant de côté toutes les 5 à 10 minutes.

3. DAUPHIN COMMUN *(Delphinus delphis)*

Dauphin parmi les plus petits et les plus colorés, avec un dos foncé, des parties inférieures blanches ou crème, et un motif « en sablier » caractéristique, à moitié beige et gris, sur les flancs. Le bec est long et fin et la nageoire dorsale, de taille moyenne et triangulaire. Le dauphin commun affectionne les eaux côtières ; très sociable, il forme des troupes nombreuses pouvant compter des milliers d'individus. Les membres de la troupe ont tendance à se déplacer à l'unisson, en sautant hors de l'eau ; ils jouent souvent dans la vague d'étrave des bateaux, parfois même pendant plusieurs heures d'affilée.

Taille : 150 à 240 cm **Poids :** 100 à 136 kg

Aire de répartition : Méditerranée, océan Atlantique et océan Pacifique

2. GRAND DAUPHIN *(Tursiops truncatus)*

Facile à observer, surtout près des côtes. Le corps à la peau nue est fuselé, avec une nageoire dorsale haute et arquée au milieu du dos. La tête revêt un profil caractéristique, avec un front haut et un rostre, ou bec (avant du museau), relativement court. Très sociable, ce cétacé vit habituellement en groupes réunissant des mères avec leurs petits, des juvéniles ou bien des mâles adultes. Les grands dauphins communiquent par des sifflements aigus et des cliquetis, et utilisent l'écholocation pour repérer les obstacles et les proies, principalement des poissons. Chaque individu a son propre sifflement qui s'assimile à une signature et permet aux membres du groupe de se reconnaître.

Taille : 230 à 380 cm **Poids :** 260 à 500 kg

Aire de répartition : les eaux chaudes de toutes les mers

4

260 cm

4. PHOQUE MOINE *(Monachus monachus)* EN

Grand phoque à la fourrure uniformément marron, plus claire sur l'abdomen. Il vit en pleine mer, se nourrissant de poissons, crustacés et mollusques qu'il capture en plongeant à plusieurs dizaines de mètres, mais il a besoin de petites plages abritées ou de grottes marines isolées pour donner naissance à son petit. Ces endroits, en Méditerranée, sont de plus en plus impactés par le tourisme qui, avec la pêche acharnée et la pollution croissante, a conduit l'espèce au bord de l'extinction. Selon les estimations, il ne subsisterait qu'environ 700 individus.

Taille : 200 à 260 cm **Poids :** 250 à 315 kg

Aire de répartition : Méditerranée, mer Noire et côtes du nord-ouest de l'Afrique

Une tête ronde, de gros yeux et de longues vibrisses raides.

Un museau allongé avec de grandes oreilles arrondies.

5

5. GENETTE *(Genetta genetta)*

Carnivore agile au mince corps allongé, avec des pattes relativement courtes et une longue queue. La fourrure est très soyeuse, de couleur crème ou chamois, tachetée de noir ; la queue annelée offre de larges bandes alternativement claires et noires. La genette vit dans les broussailles sèches et est active la nuit, chassant alors de petits animaux, surtout des rongeurs et des oiseaux, mais aussi de gros insectes et des lézards. Elle grimpe avec une extraordinaire agilité et son corps svelte lui permet de se glisser dans des espaces très exigus.

Taille : 50 à 60 cm ; queue de 40 à 48 cm **Poids :** 1 à 3 kg
Aire de répartition : Europe méridionale, Afrique du Nord

6. LAPIN DE GARENNE *(Oryctolagus cuniculus)* EN

Rongeur au corps compact et aux longues oreilles. Le pelage est marron, avec le dessous de la courte queue blanc (bien visible quand le lapin court). L'habitat de prédilection consiste en des zones herbeuses, avec des buissons ou des rochers épars où se réfugier, ainsi que des talus ou des dunes où creuser un complexe réseau de terriers. Le lapin de garenne vit en colonies comptant une dizaine d'adultes et de juvéniles d'âges divers. Il se nourrit d'herbe et de feuilles, mais aussi d'écorces l'hiver. Il s'agit de l'ancêtre des lapins domestiques aujourd'hui répandus dans le monde entier avec plus de 80 races différentes.

Taille : 38 à 50 cm **Poids :** 1,5 à 2,5 kg

Aire de répartition : originaire d'Europe méridionale et d'Afrique du Nord ; introduit en Amérique, Australie, Nouvelle-Zélande

En cas de danger, il donne l'alerte en frappant le sol de ses grands pieds postérieurs.

7. RENARD ROUX *(Vulpes vulpes)*

Petit canidé au museau pointu et à la queue touffue, répandu sur tous les continents et dans une large gamme de milieux incluant de nombreuses villes. La couleur du pelage varie du rouge jaunâtre au brun-rouge ; les parties inférieures sont généralement blanches, tout comme l'extrémité de la queue. Réputé pour sa ruse, le renard roux a une grande faculté d'adaptation et se nourrit surtout de petits rongeurs et d'oiseaux, mais aussi d'insectes, de charognes et de déchets, auxquels s'ajoutent baies et fruits en automne. Il est actif surtout la nuit mais s'observe également le jour quand il se sent en sécurité. Les renardeaux naissent et sont élevés dans un profond terrier.

Taille : 45 à 90 cm ; queue de 30 à 55 cm **Poids :** 3 à 14 kg

Aire de répartition : Europe, Afrique du Nord, Asie et Amérique du Nord ; introduit en Australie

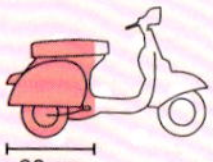

90 cm

Vingt-huit appels vocaux différents ont été recensés.

8

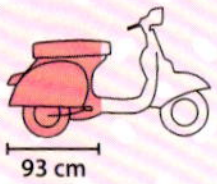

Le plus grand rongeur d'Europe.

8. PORC-ÉPIC À CRÊTE *(Hystrix cristata)*

Reconnaissable aux longs piquants blancs et bruns qui recouvrent les flancs et l'arrière du corps, le porc-épic à crête possède une grosse tête au museau court, de petits yeux et oreilles, et de courtes pattes robustes et munies de griffes. Le pelage est marron foncé. Les piquants constituent une efficace arme de défense ; quand il se sent menacé, l'animal les dresse pour paraître plus gros et si cela ne suffit pas, il peut charger en poursuivant son agresseur pour le frapper dans le dos, en infligeant de sérieuses blessures dans la mesure où les piquants restent souvent plantés dans le corps de l'assaillant.

Taille : 60 à 93 cm ; queue de 8 à 17 cm **Poids :** 10 à 30 kg
Aire de répartition : Italie centrale et du Sud, Afrique du Nord

9

Le plus petit mammifère d'Europe.

9. PACHYURE ÉTRUSQUE
(Suncus etruscus)

Toute petite musaraigne au long museau pointu. La fourrure est marron grisâtre et la queue, recouverte d'un duvet ras avec çà et là quelques longs poils droits. Cet animal a une très mauvaise vue : il repère ses proies surtout à l'odorat et au toucher, grâce aux vibrisses de son museau. Il est toujours en mouvement et en quête de nourriture, à commencer par des fourmis et d'autres petits insectes, mais il peut aussi capturer des sauterelles et des grillons aussi gros que lui. Lors de ses brefs moments de repos (une demi-heure maximum), il a tendance à se cacher sous un tapis de feuilles mortes.

Taille : 3,50 à 4,50 cm ; queue de 2,40 à 2,90 cm
Poids : 1,8 à 3 g **Aire de répartition :** Méditerranée

10. MOUFLON *(Ovis orientalis musimon)*

Le mouflon répandu dans la région méditerranéenne descend probablement de chèvres semi-domestiques qui sont ensuite retournées à l'état sauvage et est considéré comme une sous-espèce du mouflon asiatique (*Ovis orientalis*). Les mâles possèdent de grandes cornes en spirale qui poussent tout au long de la vie et peuvent atteindre 90 centimètres de long, un pelage châtain avec le museau, le ventre et le bas des pattes blancs, une tache blanchâtre sur les flancs et de longs poils noirs sur le cou. Les femelles revêtent une livrée plus claire et uniforme et, le cas échéant, des cornes courtes. Le mouflon se nourrit d'herbes, de feuilles, de glands, de faînes, de châtaignes et de champignons. *Ovis orientalis* est considéré comme l'ancêtre des chèvres domestiques.

Taille : 115 à 130 cm ; queue de 10 à 15 cm **Poids :** 25 à 40 kg

Aire de répartition : Corse, Sardaigne ; introduit dans plusieurs pays européens

10

130 cm

L'agneau se tient toujours près de sa mère car il doit téter toutes les 10 à 15 minutes.

DANS LES VALLÉES SAUVAGES DES MONTAGNES ROCHEUSES

ÉLAN D'AMÉRIQUE
(Alces alces)

La chaîne des montagnes Rocheuses sépare les grandes plaines du Canada, au nord, de celles des États-Unis, au sud. S'étirant sur plus de 4 800 kilomètres, elle s'articule en de nombreux groupes secondaires que séparent des vallées profondes, avec une douzaine de sommets dépassant 4 000 mètres d'altitude. D'interminables forêts tapissent les flancs des montagnes, des fleuves et torrents s'écoulent dans les vallées et alimentent des milliers de lacs, petits et grands, et d'étangs. Une riche faune peuple ces milieux sauvages : les forêts abritent de grands prédateurs comme le grizzly (illustration) et le loup ; les falaises et les versants plus élevés constituent le territoire de la chèvre de montagne et du mouflon canadien ; l'élan cherche sa nourriture sur les rives des étangs et le castor construit ses barrages sur les lacs et les ruisseaux.

1. LYNX DU CANADA *(Lynx canadensis)*

Présent surtout dans les forêts denses et la toundra du secteur nord du continent américain, cet animal possède, comme tous les lynx, une queue très courte et des pinceaux (touffes de poils) sur les oreilles, mais il se distingue par sa fourrure beaucoup plus épaisse et soyeuse, idéale pour se protéger du froid de l'hiver. Solitaire, il se nourrit surtout d'une espèce précise de lièvre, le lièvre à raquettes (*Lepus americanus*). Les années où cette proie se fait rare, le nombre des lynx diminue lui aussi, principalement parce qu'il naît moins de petits.

Taille : 67 à 106 cm ; queue de 5 à 13 cm **Poids :** 4,5 à 17,3 kg

Aire de répartition : l'aire la plus septentrionale du continent américain

1 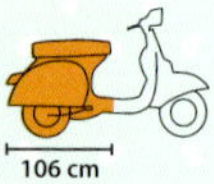

Les pieds très larges et recouverts de poils sur la plante aussi ne s'enfoncent pas dans la neige.

2. CHÈVRE DE MONTAGNE *(Oreamnos americanus)*

De la même famille que la chèvre domestique, la chèvre de montagne n'est cependant pas étroitement apparentée à cette dernière. Elle possède un corps trapu, avec une épaisse toison formant une sorte de crinière sur le dos et deux fines cornes noires presque droites. Vivant dans la montagne, elle est capable de gravir même les plus impressionnantes parois rocheuses. L'été, elle mène une existence essentiellement solitaire et constitue l'hiver des groupes assez nombreux qui migrent à des altitudes plus basses en quête de terres non enneigées. Elle se nourrit d'herbes et de feuilles, de lichens, ainsi que d'aiguilles de conifères durant la période hivernale.

Taille : 125 à 180 cm **Poids :** 57 à 82 kg

Aire de répartition : du sud de l'Alaska jusqu'aux montagnes Rocheuses

2

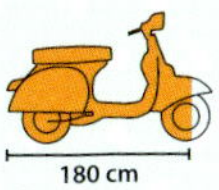

Les cornes sont permanentes et un anneau de croissance s'ajoute chaque année.

3. MOUFLON CANADIEN *(Ovis canadensis)*

Les cornes constituent la caractéristique la plus frappante chez ce parent de la chèvre qui vit dans les montagnes d'Amérique du Nord. Les mâles possèdent de grandes cornes en spirale qui peuvent peser jusqu'à 14 kilos ; les femelles ont des cornes courtes et peu recourbées. Pour établir la hiérarchie, les mâles s'affrontent violemment à coups de tête, les combats durant parfois des heures avant que l'un des deux adversaires accepte la défaite et s'éloigne ; une lutte de vingt-cinq heures et demie a même été documentée !

Taille : mâle, 160 à 185 cm ; femelle, 128 à 158 cm

Poids : mâle, 119 à 127 kg ; femelle, 34 à 91 kg

Aire de répartition : montagnes Rocheuses et régions désertiques des États-Unis

3

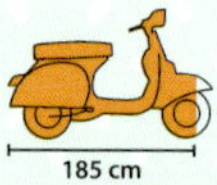

Chez le mâle, les os du crâne sont renforcés pour protéger le cerveau des chocs.

4

Un adulte peut avoir jusqu'à 30 000 piquants répartis sur le dos, les flancs et la queue.

4. PORC-ÉPIC D'AMÉRIQUE

(Erethizon dorsatum)

De longs poils durs et piquants recouvrent son dos et sa queue. Malgré son apparence gauche et trapue, le porc-épic d'Amérique est un habile grimpeur et passe la plupart de son temps dans les arbres, mais descend souvent au sol pour se nourrir. Outre des herbes et des fruits (surtout des pommes), il consomme principalement des jeunes pousses, des feuilles et le liber (intérieur de l'écorce) de nombreux arbres. Formidable arme de défense, les piquants de 7 à 8 centimètres de long sont généralement plaqués contre le corps, mais peuvent se dresser et se planter dans le corps d'un assaillant, en infligeant de douloureuses blessures et de graves infections.

Taille : 60 à 90 cm ; queue de 14,50 à 30 cm

Poids : 5 à 14 kg

Aire de répartition : Amérique du Nord

5

En cas de danger, il donne l'alerte par une série de brefs cris aigus.

5. PIKA AMÉRICAIN *(Ochotona princeps)*

Petit rongeur au corps ovale, avec de petites oreilles et des pattes courtes ; très réduite, la queue est presque invisible. Le pika vit dans les pierriers et les amas de rochers en bordure des prairies de montagne. Mâles et femelles occupent des territoires distincts qu'ils défendent contre les intrus. Le pika se nourrit surtout d'herbes et constitue des réserves pour l'hiver en faisant sécher l'herbe qu'il entasse en meules servant aussi à marquer le territoire. L'hiver, il se réfugie dans des terriers entre les rochers, consommant le foin récolté durant l'été ; il peut creuser des galeries pour gagner des zones de prés libérés de la neige.

Taille : 16 à 22 cm **Poids :** 120 à 175 g

Aire de répartition : montagnes du nord-ouest de l'Amérique

6. LOUP GRIS *(Canis lupus lupus)*

Sous-espèce présente dans une partie de l'Amérique du Nord et dans le nord de l'Eurasie. Grand et doté d'une épaisse fourrure brun clair et grisâtre (il existe aussi des spécimens noirs), cet animal social vit en meutes composées généralement d'un couple avec les descendants de deux ou trois générations ; une fois adultes, les juvéniles partent pour former de nouvelles meutes, chacune défendant son propre territoire de chasse. Le loup capture surtout des ongulés (cerfs, élans, sangliers et autres porcs sauvages) et, le cas échéant, des animaux domestiques, raison pour laquelle il a été et est encore persécuté. Protégé aujourd'hui dans plusieurs pays, il n'en est pas moins encore souvent victime d'actes de braconnage.

Taille : 109 à 122 cm ; queue de 30 à 40 cm

Poids : 31,5 à 54 kg

Aire de répartition : Canada et nord-ouest des États-Unis, Eurasie

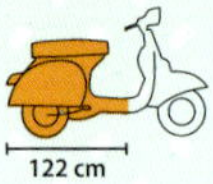

La très épaisse fourrure sur le cou et les joues fait paraître la tête plus grosse.

À CHAQUE MILIEU SON LOUP

Le loup est le plus grand canidé sauvage (seules certaines races de chiens domestiques le dépassent) et ses nombreuses sous-espèces (dont le dingo) s'avèrent répandues dans la majeure partie du globe, de l'Amérique à l'Europe, en passant par l'Asie et jusqu'en Australie. Les différentes sous-espèces se sont adaptées aux milieux de ce très vaste territoire en développant des caractéristiques physiques elles aussi différentes. Cette page en présente quelques exemples.

LOUP D'ARABIE *(Canis lupus arabs)*

Présent en Israël et dans la péninsule Arabique, il est assez petit, élancé, avec un poil court, de longues pattes et des oreilles plus grandes, des adaptations qui se prêtent à une vie dans des milieux très chauds.

COMMUNIQUER À DISTANCE

Les loups communiquent de nombreuses manières, laissant des traces odorantes pour indiquer que le territoire est déjà occupé. Ils ont aussi un moyen de se faire entendre de loin : le hurlement, un cri aigu et plaintif propre à chaque individu, qui se perçoit jusqu'à une dizaine de kilomètres de distance et sert à appeler à la rescousse les autres membres de la meute, à avertir d'un danger ou à signaler sa présence aux autres meutes.

LOUP DES APENNINS

(Canis lupus italicus)

Plus petit que le loup gris, il possède une fourrure moins fournie et plus roussâtre. Les très rares exemplaires de cette sous-espèce qui ont survécu dans les Apennins italiens sont aujourd'hui protégés et leur aire de répartition s'étend jusqu'aux Alpes.

LOUP ARCTIQUE

(Canis lupus arctos)

De taille moyenne, il vit dans l'extrême nord de l'Amérique et sa très épaisse fourrure, blanc ou crème, le protège du froid.

7. GRIZZLY *(Ursus arctos horribilis)*

Ainsi dénommé en raison de son pelage grisonnant (*grizzled*, en anglais), le grizzly est la sous-espèce de l'ours brun présente dans les montagnes et les toundras d'Amérique du Nord. Si les ours sont classés dans l'ordre des carnivores, le grizzly est en réalité un omnivore qui mange vraiment de tout : chenilles, baies, bulbes et racines, champignons, petits rongeurs et charognes, mais il peut aussi tuer de gros animaux et l'été, il capture un grand nombre de saumons remontant les rivières pour frayer. L'hiver, il se réfugie dans une tanière où il entre en léthargie ; les oursons naissent à cette période de l'année.

Taille : 180 à 215 cm
Poids : 150 à 380 kg
Aire de répartition : Amérique du Nord, des montagnes Rocheuses à l'Alaska

7

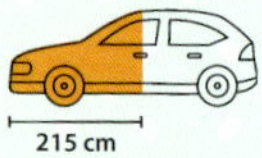

Dressé sur ses pattes postérieures, un grand grizzly peut atteindre 2,50 mètres de haut.

8. ÉLAN D'AMÉRIQUE *(Alces alces)*

Ongulé de grande taille, caractérisé par des bois très volumineux (présents seulement chez les mâles et caduques, ils repoussent chaque année) qui se développent à l'horizontale et peuvent atteindre 2 mètres d'envergure, d'une extrémité à l'autre du panache. Le corps est très robuste, avec de longues pattes et une tête massive au museau allongé. L'élan vit dans les forêts à proximité d'étangs et de lacs où il se rafraîchit aux heures les plus chaudes de la journée : il souffre en effet beaucoup de la chaleur et ne supporte pas longtemps des températures supérieures à 27 °C. Il mène une existence solitaire et se nourrit surtout de plantes aquatiques, rameaux, feuilles et bourgeons de saules et de peupliers à la belle saison, d'écorces et d'aiguilles de conifères l'hiver.

Taille : mâle, 250 à 320 cm ; femelle, 240 à 310 cm

Poids : mâle, 300 à 600 kg ; femelle, 270 à 400 kg

Aire de répartition : Amérique du Nord, Europe et Asie du Nord

8

L'élan est le plus grand membre de la famille des cervidés.

Élevé dans de nombreux pays pour sa fourrure très prisée.

9. VISON D'AMÉRIQUE *(Neovison vison)*

Mustélidé au mince corps allongé et aux pattes courtes, revêtu d'une fourrure soyeuse et lisse, avec un poil de couverture imperméable. Habile nageur, le vison peut plonger jusqu'à 5 mètres de profondeur et parcourir des dizaines de mètres sous l'eau, aidé par ses pieds partiellement palmés. Il vit de préférence sur les rives de fleuves, lacs et torrents. Écrevisses, grenouilles, poissons, oiseaux aquatiques et leurs œufs constituent l'essentiel de son alimentation, ainsi que de petits mammifères comme des musaraignes et des campagnols. Solitaire, il est actif surtout la nuit. Il creuse son terrier dans les berges des rivières et marque son territoire par la sécrétion odorante de ses glandes anales.

Taille : mâle, 33 à 43 cm ; femelle, 30 à 36 cm ; queue de 13 à 23 cm

Poids : mâle, 680 à 1 360 g ; femelle, 570 à 1 100 g

Aire de répartition : Amérique du Nord

10. RATON LAVEUR *(Procyon lotor)*

Le raton laveur est aussi appelé « ourson laveur » en raison de sa ressemblance avec un petit ours à longue queue et doit son nom à son habitude consistant à rincer sa nourriture dans l'eau avant de la manger, y compris dans le cas de poissons ou d'écrevisses capturés dans l'eau. Il se rencontre donc dans beaucoup d'endroits différents, des forêts aux champs cultivés, mais toujours à proximité de l'eau. Il vit également près des habitats humains et peut choisir de s'installer dans des greniers ou des caves. Habile nageur et grimpeur, il possède des pattes antérieures à cinq doigts très mobiles qui rappellent une main d'homme et lui permettent de manipuler les objets avec aisance.

Taille : 40 à 70 cm ; queue de 20 à 30 cm **Poids :** 5,5 à 14 kg

Aire de répartition : du sud du Canada à l'Amérique centrale ; introduit en Asie et en Europe

10

Deux larges taches brunes ou noires autour des yeux forment un masque de « voleur ».

11. CASTOR DU CANADA *(Castor canadensis)*

Gros rongeur aux habitudes nocturnes. Les pieds postérieurs sont palmés, les oreilles et les narines peuvent se fermer, et une membrane transparente protège l'œil quand le castor nage sous l'eau. Il vit en groupes familiaux composés d'un couple et des petits des deux dernières années, qui défendent leur territoire. En plus de constituer un matériau de construction, les arbres lui fournissent de quoi manger : le castor se nourrit en effet d'écorce et du bois tendre sous-jacent, ainsi que de rameaux et de feuilles. Il fait des réserves pour l'hiver, en accumulant sous l'eau branches et morceaux de tronc.

Taille : 90 à 117 cm ; queue de 23 à 25 cm
Poids : 13 à 37 kg
Aire de répartition : Amérique du Nord

La queue nue, large et plate, fait office de gouvernail quand il nage sous l'eau.

11

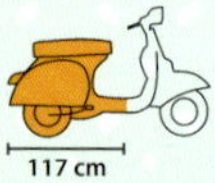

UN ARCHITECTE À QUATRE PATTES

Un barrage de troncs, de branchages et de boue sur un cours d'eau qui ralentit le courant et crée un miroir d'eau calme ; un amas conique du même matériau près de la rive : tels sont les signes distinctifs de la présence d'une famille de castors. Ce grand mammifère aux habitudes aquatiques est un infatigable bâtisseur qui contribue à modifier le cours des rivières et à donner naissance à des étangs et de petits lacs où il construit ses tanières.

UN ABRI SÛR

La tanière du castor est une grande hutte conique faite de morceaux de troncs, de branches et d'herbes recouverts de boue qui, en gelant l'hiver, devient dure comme de la pierre et protège des prédateurs. À l'intérieur, le castor se sèche après ses plongeons, mange et élève ses petits. L'abri repose généralement sur des troncs entassés au fond de l'étang et possède deux entrées sous-marines.

DES DENTS AIGUISÉES COMME DES RASOIRS

Ses longues incisives constituent l'outil de travail du castor. De couleur orange foncé, elles mesurent plus de 2 centimètres de long et sont très tranchantes car elles s'aiguisent en frottant les unes contre les autres. À force de ronger le bois elles s'usent, mais leur croissance se poursuit tout au long de la vie de l'animal.

UN BÛCHERON PROFESSIONNEL

Pour construire ses barrages, le castor utilise des branches et des troncs parfois même de grande taille ; le bois est patiemment rongé tout autour de la base, jusqu'à ce que l'arbre tombe.

AMÉRIQUE DU NORD

DANS LES VASTES PRAIRIES OÙ VIT DE NOUVEAU LE BISON

MUSTANG
(Equus ferus caballus)

Le terme Grandes Plaines (Great Plains, en anglais) désigne les vastes étendues de prairie et de steppe planes ou ponctuées de faibles reliefs collinaires qui se situent à l'est des montagnes Rocheuses, en Amérique du Nord. Des millions de bisons pâturaient jadis dans cette mer d'herbes basses et de buissons clairsemés. Quasiment exterminé pour laisser place aux pionniers et à leurs élevages, le bison américain (illustration) est revenu sur le devant de la scène de ces terres qui abritent également des herbivores et des prédateurs comme, respectivement, l'antilope d'Amérique et le coyote, et des rongeurs, tels les chiens de prairie qui construisent de grands labyrinthes de galeries souterraines.

1. BISON AMÉRICAIN *(Bison bison)* NT

Ce grand bovin se caractérise par une volumineuse tête massive portant des cornes recourbées à l'extrémité pointue et par une bosse entre les épaules, plus prononcée chez les mâles. Il vit en groupes composés des femelles et des jeunes mâles ; les mâles adultes constituent des groupes à part et rejoignent ceux des femelles uniquement à la saison des amours. À l'arrivée des premiers hommes blancs en Amérique du Nord, 60 millions de bisons pâturaient dans les prairies ; en 1890, leur nombre se réduisait à moins de 1 000 individus, après l'extermination perpétrée surtout pour priver les tribus indigènes de leur principale ressource. L'espèce est aujourd'hui protégée et de petites populations de bisons vivent dans des parcs nationaux ou de grands ranches privés.

Taille : mâle, 360 à 380 cm ; femelle, 218 à 313 cm **Poids :** 318 à 900 kg

Aire de répartition : ouest des États-Unis et du Canada

1 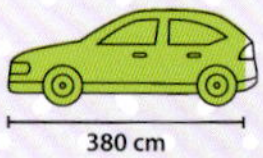

Les tribus des plaines utilisaient chaque partie du bison : la viande, la peau pour les vêtements et les tentes, les tendons pour coudre, les os pour fabriquer des outils.

2. MOUFFETTE RAYÉE *(Mephitis mephitis)*

De la taille d'un chat, la mouffette a de courtes pattes, un corps allongé et une queue touffue et hirsute. La livrée est noire, avec un grand V blanc de la nuque à la base de la queue. Cet animal nocturne se nourrit principalement d'insectes (sauterelles, coléoptères, chenilles, abeilles et guêpes), mais aussi de souris, d'oiseaux et leurs œufs, de baies et de charognes. Il est connu pour son comportement de défense : orientant son postérieur vers l'agresseur, il projette un liquide issu de deux grosses glandes situées sous sa queue ; le liquide à la forte odeur nauséabonde est très irritant, et le jet peut atteindre 6 mètres de distance.

Taille : 40 à 60 cm ; queue de 18 à 25 cm

Poids : mâle, 2,7 à 6,3 kg

Aire de répartition : du nord du Mexique au sud du Canada

Elle visite souvent les ruches pour manger les abeilles, son épaisse fourrure la protégeant des piqûres.

3. ANTILOPE D'AMÉRIQUE *(Antilocapra americana)*

Ongulé endémique des steppes nord-américaines, l'antilope d'Amérique possède une robe fauve et blanche et des cornes de forme spécifique, droites et fourchues, avec une extrémité en crochet ; les cornes sont présentes chez de nombreuses femelles également, mais plus courtes. Au corps trapu s'ajoutent de longues pattes fines qui permettent de courir très vite et garantissent une grande résistance. Liée aux prairies, cette espèce accomplit l'hiver de longues migrations et parcourt parfois des centaines de kilomètres en quête de zones libérées par la neige où trouver suffisamment de nourriture. Elle forme alors des groupes comptant 300 à 400 individus.

Taille : 130 à 150 cm **Poids :** mâle, 45 à 60 kg ; femelle, 35 à 45 kg

Aire de répartition : Amérique du Nord

3

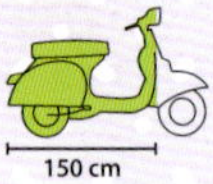

Elle atteint une vitesse de 88 km/h, mais ne peut la maintenir que 8 minutes maximum.

4

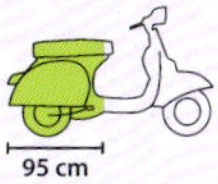

La nuit, il trahit sa présence par une série d'aboiements aigus et perçants.

4. COYOTE *(Canis latrans)*

Le coyote ressemble à un chien de taille moyenne, avec un pelage fauve grisâtre, un museau allongé et des oreilles triangulaires et pointues. Ayant des habitudes surtout nocturnes, cet animal est un opportuniste qui consomme dans la pratique n'importe quelle nourriture disponible : petits rongeurs et lapins, oiseaux et leurs œufs, charognes, fruits et gros insectes. Les coyotes chassent parfois en couple, surtout quand il s'agit de grandes proies. Leur habitat privilégié consiste en des prairies ou des forêts clairsemées, mais ils peuvent aussi fréquenter les alentours de centres habités pour profiter des déchets de nourriture.

Taille : 80 à 95 cm ; queue de 30 à 40 cm **Poids :** 9 à 22 kg

Aire de répartition : Amérique du Nord et centrale

5. CHIEN DE PRAIRIE À QUEUE NOIRE *(Cynomys ludovicianus)*

Ce rongeur n'a aucun lien de parenté avec les chiens. Il doit son nom à son cri d'alerte, semblable à un aboiement. Il creuse de profonds terriers très élaborés où il passe la nuit, s'abrite des mauvaises conditions atmosphériques et se réfugie en cas de danger. Les réseaux de terriers et galeries sont occupés par des groupes familiaux composés d'un ou deux mâles et d'un certain nombre de femelles avec leurs petits. Beaucoup de groupes familiaux vivent à côté les uns des autres, formant des colonies appelées « villes » qui peuvent compter jusqu'à plusieurs milliers d'habitants.

Taille : 28 à 33 cm **Poids :** 900 à 1 350 g

Aire de répartition : Amérique du Nord

5

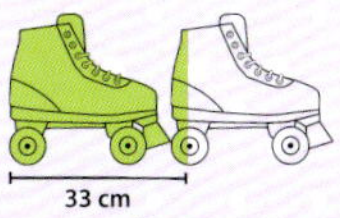

Quand la famille mange, un individu monte la garde, prêt à donner l'alerte.

SUR LES RIVES DU GRAND FLEUVE

PARESSEUX À GORGE BRUNE

(Bradypus variegatus)

L'Amazonie doit son nom au Rio des Amazones, le plus grand fleuve au monde qui, avec plus de mille affluents, couvre un bassin de plus de six millions de kilomètres carrés. La région abrite d'immenses forêts peuplées par une flore et une faune d'une richesse extraordinaire. On y recense plus de mille espèces différentes d'oiseaux, presque mille espèces de reptiles et amphibiens, et plus de trois millions d'espèces d'insectes. Concernant les mammifères, les espèces connues s'élèvent à plus de quatre cents. Plus de cent espèces différentes de singes exécutent leurs acrobaties dans les branches enchevêtrées ; fourmiliers, tapirs et grands rongeurs, tel le capybara, évoluent dans l'épais sous-bois ; parmi les prédateurs, citons principalement le jaguar (illustration), le plus grand félin présent sur le continent américain.

1. TAMARIN-LION DORÉ *(Leontopithecus rosalia)* EN

Petit singe à longue queue. La fourrure, dont la couleur varie du jaune d'or clair à l'orangé, est longue, soyeuse et lisse ; elle forme sur la tête, les joues, la gorge et les épaules une abondante crinière nettement séparée en deux au-dessus des sourcils. Le tamarin-lion doré vit dans la forêt humide regorgeant de plantes grimpantes, où il se tient de préférence dans l'épaisseur des frondaisons. Actif le jour, il forme de petits groupes familiaux et passe la nuit dans les creux des arbres, à l'abri des prédateurs et du froid. Omnivore, il mange des fruits, des œufs, de petits oiseaux, des lézards, des araignées et des insectes qu'il capture en fouillant les crevasses de l'écorce avec ses doigts fins munis de longs ongles pointus.
Taille : 20 à 36 cm ; queue de 31 à 40 cm **Poids :** 600 à 650 g
Aire de répartition : sud du Brésil

2. OUAKARI CHAUVE *(Cacajao calvus)* VU

L'ouakari chauve fréquente la forêt pluviale, souvent près des rives de cours d'eau ou de lacs. Affectionnant la cime des arbres, il se déplace avec agilité de branche en branche en quête de fruits mûrs, feuilles, nectar et quelques insectes. Il descend souvent au sol pour chercher des graines tombées. Actif le jour, il passe la nuit sur les branches les plus hautes. Il vit en groupes nombreux pouvant compter jusqu'à une centaine d'individus. Le pelage varie du marron très clair au brun-noir, selon les sous-espèces, mais la face est toujours rouge. Les doigts sont munis d'ongles plats au lieu de griffes.
Taille : 36 à 57 cm ; queue de 14 à 18 cm **Poids :** 2 à 3 kg
Aire de répartition : Amazonie, du Pérou au Brésil

3. SAPAJOU CAPUCIN

(Cebus capucinus)

Singe de taille moyenne qui fréquente les forêts denses et passe la plupart de son temps dans les arbres. Le pelage est noir avec la tête, les épaules et le haut des membres antérieurs blancs ou jaunâtres ; la calotte noire sur sa tête lui vaut le nom de « capucin moine ». La queue, aussi longue que le corps, est préhensile et sert à s'agripper aux branches et à porter la nourriture à la bouche. Le sapajou capucin se nourrit surtout de fruits et de noix, mais capture aussi à l'occasion des écureuils et des rats arboricoles, de petits oiseaux et des insectes.

Taille : 30 à 56 cm, et autant de queue

Poids : mâle, 3 à 4 kg ; femelle, 2 à 3 kg

Aire de répartition : de l'Amérique centrale au Brésil

4. SINGE ARAIGNÉE COMMUN *(Ateles paniscus)* VU

Cette espèce appartient à la famille des atélidés qui se caractérisent par une petite tête, de très longs membres et une longue et puissante queue préhensile. Le pelage noir brillant consiste en un long poil rêche ; face, mains et pieds sont glabres et noirs. Le singe-araignée commun vit en groupes nombreux pouvant compter 20 à 30 individus. Il passe la plupart de son temps dans la canopée, se déplaçant avec agilité de branche en branche. Actif le jour, il se réfugie la nuit sur les branches les plus hautes. Son régime alimentaire se compose essentiellement de fruits, auxquels s'ajoutent feuilles et fleurs ; à la saison sèche, quand les fruits se font rares, il se nourrit également d'écorces, racines, chenilles et fourmis.

Taille : 55 à 65 cm ; queue de 80 à 90 cm **Poids :** 8 à 9 kg

Aire de répartition : de la Guyane au Brésil

La queue fait office de membre supplémentaire pour s'accrocher aux branches et saisir les objets.

5. SINGE HURLEUR NOIR *(Alouatta caraya)*

Le singe hurleur noir peuple les denses forêts pluviales. Seuls les mâles adultes sont noirs, les femelles et les juvéniles revêtant un pelage jaunâtre ; les mâles sont aussi nettement plus gros. Cet animal vit en groupes comptant 10 à 20 individus et dont les membres, chaque matin, lancent de puissants cris semblables à des mugissements qui s'entendent jusqu'à cinq kilomètres de distance, pour signaler leur présence aux autres groupes et les tenir éloignés de leur territoire. Il se nourrit presque exclusivement de feuilles très longues à digérer, raison pour laquelle il est la plupart du temps inactif, dormant ou se reposant dans les arbres, et ne descend qu'exceptionnellement au sol.

Taille : 48 à 67 cm, et autant de queue
Poids : mâle, 6,5 kg ; femelle, 4,5 kg
Aire de répartition : de l'Amérique centrale au Brésil

Singe le plus grand du continent américain.

5

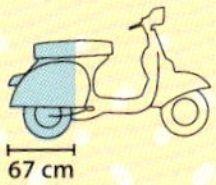

Animal le plus lent du monde : sa vitesse maximale est de 240 mètres en une heure.

6. PARESSEUX À GORGE BRUNE *(Bradypus variegatus)*

Le paresseux (bradype) à gorge brune est un animal à l'apparence et au comportement très singuliers. Il possède une tête ronde avec de petits yeux barrés d'une bande de poils foncés et un nez retroussé, un corps revêtu d'une épaisse fourrure et de longues pattes à trois doigts munis de griffes acérées avec lesquelles il s'accroche aux branches. Il dort en moyenne quinze à dix-huit heures par jour et se déplace avec une extrême lenteur pour se nourrir de feuilles qui constituent son unique ressource alimentaire. Il mène une existence solitaire dans les arbres et ne descend au sol que tous les sept ou huit jours pour se soulager ; il est alors sans défense contre les prédateurs car ses membres postérieurs ne le supportant pas, il ne peut que se traîner à l'aide de ses membres antérieurs.

Taille : 42 à 80 cm **Poids :** 2,25 à 6,3 kg

Aire de répartition : Amérique centrale et du Sud

VIVRE LA TÊTE EN BAS

Le terme bradypes vient du grec ancien et signifie « au pied lent » : ces animaux passent en effet la majeure partie de leur temps immobiles et se déplacent, le cas échéant, très lentement. Presque toute leur existence se déroule dans les arbres, où ils se nourrissent de feuilles en évoluant de branche en branche, suspendus la tête en bas grâce à leurs longues griffes recourbées et très acérées. On distingue quatre espèces de bradypes tridactyles (à trois doigts) et deux espèces de bradypes didactyles (avec seulement deux doigts).

COLLÉ SERRÉ

Le petit paresseux naît avec des poils et des griffes et se cramponne aussitôt au ventre de sa mère en demeurant dans cette position quatre à cinq mois.

UNE FOURRURE BONDÉE

Les longs poils du paresseux abritent une grande variété d'algues qui, avec leur teinte verte, contribuent à camoufler l'animal quand il se tient immobile au milieu des feuilles des arbres. Ils hébergent également des champignons microscopiques et de nombreux insectes avec leurs larves, notamment un petit papillon de nuit vivant uniquement dans la fourrure du paresseux.

7. TATOU À TROIS BANDES *(Tolypeutes tricinctus)* VU

Ce mammifère se caractérise par une cuirasse de plaques osseuses recouvrant la tête, le dos, les flancs, la face externe des membres et la queue. En cas de danger, l'animal se roule en boule, seul le jaguar réussissant parfois à briser cette carapace protectrice. Le tatou à trois bandes se nourrit principalement de termites et de fourmis : il creuse le sol de ses puissantes griffes pour atteindre les galeries et capture les insectes avec sa longue langue collante.

Taille : 22 à 27 cm ; queue de 7 à 8 cm **Poids :** 1 à 1,6 kg

Aire de répartition : Brésil

7

27 cm

Le nouveau-né est déjà capable de se rouler en boule.

8. CAPYBARA *(Hydrochoerus hydrochaeris)*

Grand rongeur au corps cylindrique et au museau carré. Il fréquente les milieux où il peut trouver des plans d'eau permanents et beaucoup d'herbe et de plantes aquatiques. Le capybara est un habile nageur qui présente plusieurs adaptations précieuses pour une vie semi-aquatique : des pieds partiellement palmés, des yeux, oreilles et narines disposés au sommet de la tête, de manière à pouvoir voir et respirer même en restant complètement immergé dans l'eau. Il vit en groupes familiaux comptant une dizaine d'individus, voire plus, qui défendent leur territoire d'alimentation.

Taille : 120 cm **Poids :** 35 à 66 kg

Aire de répartition : Amérique du Sud

8

120 cm

Le plus grand rongeur au monde.

9. PÉCARI À COLLIER *(Pecari tajacu)*

Porc sauvage ressemblant au cochon, avec un corps cylindrique, une tête massive et un long museau terminé par un groin. Il vit en groupes comptant généralement une dizaine d'individus, mais pouvant comprendre jusqu'à 50 membres qui cherchent leur nourriture et se reposent ensemble, défendant leur territoire contre d'autres groupes et collaborant pour repousser les attaques des prédateurs. Le pécari à collier se nourrit principalement de substances végétales, racines, tubercules, noix et champignons, mais il consomme également des insectes, de petits rongeurs et des charognes ; il fait parfois des incursions dans les champs cultivés ou bien s'approche des centres habités pour profiter des déchets de nourriture.

Taille : 100 à 150 cm **Poids :** 16 à 27 kg

Aire de répartition : de l'Argentine au sud des États-Unis

9

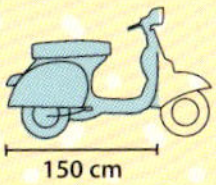

Canines très aiguisées, qui frottent les unes contre les autres chaque fois que l'animal ouvre et ferme la bouche.

10. LOUTRE GÉANTE *(Pteronura brasiliensis)* EN

Grand mustélidé au corps allongé et à la longue queue ; les pattes sont courtes et les pieds, palmés. La loutre géante fréquente les fleuves et rivières au cours lent, les lacs et les étangs où elle se nourrit surtout de poissons. Ses pieds palmés lui servent à nager avec beaucoup d'agilité, et sa puissante queue lui donne de l'élan pour se déplacer plus vite. Elle vit en groupes familiaux comptant 5 à 8 individus et composés d'un couple avec une ou deux portées ; les jeunes de l'année précédente aident à prendre soin des nouveau-nés.

Taille : 150 à 180 cm ; queue de 50 à 70 cm

Poids : mâle, 26 à 32 kg ; femelle, 22 à 26 kg

Aire de répartition : Amérique du Sud

10

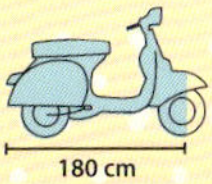

La plus grande des 13 espèces différentes de loutres.

11. JAGUAR *(Panthera onca)* NT

Félin de grande taille, au corps massif et très musclé et au pelage de couleur rouille semé de taches noires qui, sur les flancs et le dos, forment des rosettes circulaires typiques, avec un ou deux points noirs au centre. Le jaguar fréquente un large éventail d'habitats, mais affectionne la forêt équatoriale, surtout à proximité de cours d'eau ou d'étangs. Cet excellent nageur, capable d'attaquer caïmans et gros serpents, est aussi un habile grimpeur. Le jour, il se tient généralement sur une grosse branche d'arbre et part en chasse la nuit : cerfs, pécaris, capybaras et singes constituent ses proies de prédilection.

Taille : 150 à 185 cm ; queue de 70 à 90 cm
Poids : mâle, 68 à 136 kg ; femelle, 55 à 90 kg
Aire de répartition : du sud des États-Unis à toute l'Amérique du Sud

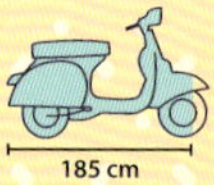

La forme et la distribution des taches sont propres à chaque individu, comme nos empreintes digitales.

AMÉRIQUE DU SUD

SUR LES TERRES DÉSOLÉES DE L'EXTRÊME SUD

PUMA
(Puma concolor)

Vaste région occupant l'extrémité sud du continent américain, entre la cordillère des Andes et l'océan Atlantique, la Patagonie est un territoire peu peuplé, aride et balayé par des vents puissants. Depuis la côte et à mesure que l'altitude progresse, les immenses plaines dépouillées laissent place à des plateaux dont la végétation conjugue arbustes bas et herbes résistantes à la sécheresse, de rares forêts, jusqu'aux gigantesques glaciers au pied des spectaculaires cimes des Andes. Peu nombreux sont les mammifères qui se sont adaptés pour vivre dans des conditions aussi difficiles. Parmi eux, citons le guanaco (illustration), un grand herbivore appartenant à la famille du dromadaire et du chameau, le fourmilier géant (tamanoir) et un formidable prédateur tel que le puma.

1. PUMA *(Puma concolor)*

Grand félin au corps élancé, avec une tête relativement petite, de courtes pattes robustes et une longue queue fine. Le pelage est fauve, sans taches ; seuls le bout de la queue, les côtés du museau et le derrière des oreilles sont brun foncé. Solitaire et actif surtout la nuit, le puma est un formidable prédateur qui se nourrit d'une large gamme de proies, des grands ongulés aux rongeurs en passant par les oiseaux, et attaque également les animaux domestiques. Les plus grosses proies sont capturées selon une technique particulière : le puma les suit en silence jusqu'à atteindre la bonne distance pour leur sauter dessus et les tuer d'une morsure à la base du cou.

Taille : mâle, 102 à 154 cm ; femelle, 86 à 131 cm ; queue de 63 à 96 cm

Poids : mâle, 36 à 120 kg ; femelle, 29 à 64 kg

Aire de répartition : tout le continent américain

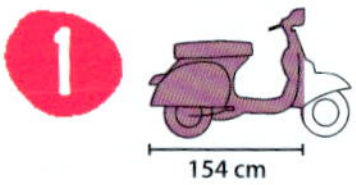

Il ne rugit pas et miaule comme un chat domestique, mais beaucoup plus fort.

2

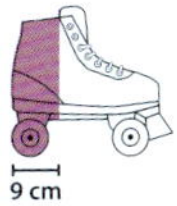

L'une des rares chauves-souris capables de marcher et de courir, voire d'exécuter de grands sauts.

2. VAMPIRE D'AZARA *(Desmodus rotundus)*

Les vampires existent vraiment : trois espèces de chauves-souris se nourrissent exclusivement de sang, contrairement à toutes les autres qui capturent des insectes volants. L'une d'entre elles, le vampire d'Azara, est répandue en Amérique du Sud. Dormant la tête en bas le jour dans des cavernes ou des arbres creux, elle s'envole à la tombée de la nuit en quête d'un animal assoupi. Elle se pose non loin, s'approche en marchant, grimpe sur son corps sans se faire remarquer et fait une petite entaille dans la peau avec ses incisives, aussi tranchantes qu'une lame de rasoir ; après quoi, elle lèche le sang qui s'écoule de la blessure. Son action est souvent si légère que l'animal attaqué ne s'en aperçoit même pas.

Taille : 7 à 9 cm **Poids :** 15 à 50 g **Aire de répartition :** Amérique du Sud

3. PUDU DU SUD *(Pudu puda)* NT

Petit cervidé au corps compact et aux pattes courtes vivant dans les forêts humides à l'épais sous-bois qui tapissent surtout le fond des vallées au pied des montagnes. Seul le mâle possède des cornes courtes (6 à 9 centimètres) et droites qui tombent et repoussent chaque année. Lèvres, intérieur des oreilles et tour des yeux sont de couleur orangée et ressortent sur la tête brune. Solitaire, le pudu du Sud est actif jour et nuit, mais se tient à l'abri de la dense végétation aux heures les plus chaudes. Au coucher du soleil, il sort et va pâturer en lisière de la forêt ou dans les clairières ; il se nourrit principalement de feuilles, de fougères et de plantes grimpantes.

Taille : 70 à 83 cm **Poids :** 7 à 13,5 kg

Aire de répartition : sud du Chili et de l'Argentine

3

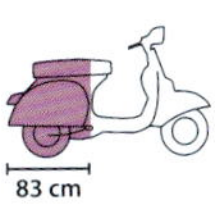

Il emprunte toujours les mêmes parcours, créant de véritables sentiers dans l'épais sous-bois.

4

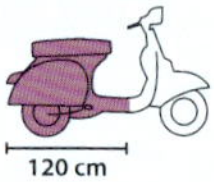

Il marche en s'appuyant sur les poignets et en rabattant les doigts sur les côtés.

4. FOURMILIER GÉANT *(Myrmecophaga tridactyla)* VU

Le fourmilier géant se reconnaît instantanément à son museau tubulaire et à sa grande queue très touffue. Son nom scientifique signifie « mangeur de fourmis à trois doigts ». Si les fourmis, leurs œufs et leurs larves constituent effectivement sa nourriture favorite, il possède en réalité cinq doigts, mais seuls trois doigts de la patte antérieure sont armés de griffes très acérées avec lesquelles il creuse le sol ou met les troncs en pièces pour débusquer les insectes. Le museau est long et étroit, en forme de tube, et la bouche sans dents abrite une langue collante qui peut s'étirer jusqu'à 60 centimètres pour se glisser dans les galeries de la fourmilière.
Taille : 100 à 120 cm ; queue de 65 à 90 cm **Poids :** 18 à 39 kg
Aire de répartition : Amérique centrale et du Sud

5. GUANACO *(Lama guanicoe)*

Le guanaco appartient à la famille des camélidés et ressemble à un dromadaire sans la bosse, avec une petite tête allongée, un cou long et fin, et de très longues pattes. Extrêmement résistant, il peut fréquenter les milieux les plus divers, des forêts humides aux steppes, en passant par les prairies de montagne, jusqu'à 4 500 mètres d'altitude. Il vit en groupes composés d'un mâle dominant, qui défend un territoire d'alimentation, et de quelques femelles avec leurs jeunes ; les mâles qui n'ont pas encore conquis un territoire forment des groupes séparés.

Taille : 190 à 215 cm **Poids :** 90 à 140 kg

Aire de répartition : Amérique du Sud, du Pérou à la Terre de Feu

Les mâles ont de grandes canines pointues dont ils se servent pour affronter leurs rivaux.

AFRIQUE

DANS LES SABLES BRÛLANTS, ENTRE DUNES ET OASIS

SURICATE
(Suricata suricatta)

Le désert est un milieu très difficile où il fait extrêmement chaud le jour et souvent froid la nuit, et où l'eau et la végétation sont très rares. Il y a des déserts en Amérique, en Asie et en Australie, mais le plus étendu se trouve en Afrique : le Sahara, qui occupe tout le nord du continent. On distingue trois types de désert : de roche nue, de cailloux et gravier, ou de sable, avec de grandes dunes ; l'eau n'est présente que dans les rares oasis. Pour vivre dans ces conditions, les animaux ont dû développer des adaptations particulières. Par exemple, en passant la journée dans des terriers souterrains et en sortant chasser la nuit, comme le fennec (illustration), ou bien en trouvant le moyen de disperser rapidement la chaleur du corps, ou bien encore en tirant l'eau nécessaire de la végétation ou des liquides corporels des proies…

1. ORYX ALGAZELLE *(Oryx dammah)* EX

Grande antilope aux cornes longues et fines et au pelage de couleur crème, avec le cou et la poitrine châtains. Le dimorphisme sexuel consiste en une taille nettement plus réduite chez les femelles. L'oryx algazelle s'avère merveilleusement adapté à la vie dans les milieux arides et peut rester des mois sans boire, tirant l'eau dont il a besoin de sa nourriture (herbes, racines, fruits) et accomplissant parfois de longs déplacements pour gagner les zones où une brève pluie a fait repousser l'herbe. Victime principalement de la chasse, l'espèce a été déclarée éteinte à l'état sauvage en 2000, mais elle est largement présente dans des zoos et des élevages, et quelques petites populations ont été réintroduites dans la nature.

Taille : 140 à 240 cm ; queue de 45 à 60 cm
Poids : mâle, 140 à 210 kg ; femelle, 90 à 140 kg
Aire de répartition : steppes arides en lisière sud du Sahara

2. GERBOISE DES STEPPES *(Jaculus jaculus)*

Petit rongeur à l'aspect très particulier, avec une grosse tête ronde et des pattes antérieures très courtes, tandis que les postérieures sont très longues ; la queue mesure presque le double du corps et se termine par une touffe de poils. Les pattes postérieures et les grands pieds robustes servent à se déplacer en sautant, comme un kangourou. La gerboise des steppes passe la journée dans un terrier situé au bout d'une galerie creusée dans le sol dur. Au coucher du soleil, quand la température devient plus fraîche, elle sort en quête de nourriture : herbes, racines, graines et insectes, parcourant alors jusqu'à une dizaine de kilomètres chaque nuit.

Taille : 9,50 à 11 cm ; queue de 13 à 25 cm
Poids : 43 à 73 g
Aire de répartition : du Maroc à l'Égypte ; présente aussi en Arabie

2

Elle peut faire des bonds de 3 mètres, soit trente fois la longueur de son corps.

1

240 cm

Les cornes
peuvent dépasser
1 mètre de long, mais
cassent facilement.

3. CHAT DES SABLES *(Felis margarita)*

Petit félin au corps compact, avec une tête large et de grandes oreilles ; le pelage est de couleur sable et grisâtre, avec des rayures foncées sur les pattes et la queue. Il s'agit de l'un des très rares mammifères capables de vivre dans des zones désertiques où la température peut descendre en dessous de zéro la nuit et où le sable atteint parfois 50 °C le jour. Pour se protéger de la chaleur, il passe la journée dans de profonds terriers qu'il creuse lui-même, cependant que son épaisse fourrure l'isole du froid nocturne quand il sort chasser. Carnivore opportuniste, il capture n'importe quelle petite proie disponible : rongeur, lézard, insecte ou serpent, n'hésitant pas à s'attaquer même aux vipères venimeuses.

Taille : 45 à 57 cm ; queue de 28 à 35 cm

Poids : mâle, 2,1 à 3,4 kg ; femelle, 1,4 à 3,1 kg

Aire de répartition : Sahara occidental ; présent aussi en Arabie et en Asie centrale

3

Le plus petit félin sauvage.

4

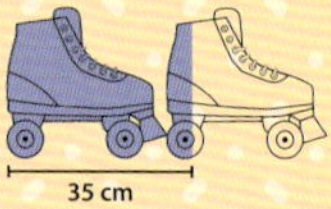

Hors du terrier, les suricates ont toujours des sentinelles prêtes à donner l'alerte.

4. SURICATE *(Suricata suricatta)*

Petite mangouste au corps élancé et aux pattes courtes, avec une tête ronde, un museau pointu et une longue queue fine à bout noir. Le pelage varie du brun jaunâtre au roux ; le dos offre de nombreuses lignes parallèles plus foncées et deux taches brunes entourent les yeux. Les suricates vivent en groupes de quelques dizaines d'individus dans de profonds terriers souterrains avec une multitude d'entrées, où ils passent la nuit et se réfugient en cas de danger.

Ils se nourrissent principalement d'insectes et autres invertébrés, notamment des scorpions qu'ils capturent en éliminant le dard d'un rapide coup de dent.

Taille : 25 à 35 cm ; queue de 17,50 à 25 cm

Poids : 620 à 960 g

Aire de répartition : Afrique du Sud

5. ÂNE SAUVAGE D'AFRIQUE *(Equus africanus)* CR

Considérée comme l'ancêtre de l'âne domestique, cette espèce était autrefois répandue dans toute l'Afrique du Nord. Il ne subsiste aujourd'hui que quelques centaines d'exemplaires sauvages, semblables au cheval, avec une tête plus grosse, des oreilles plus longues et une queue beaucoup moins fournie. La couleur de la robe varie du gris au marron clair ; une raie noire court sur le dos et les pattes portent de fines rayures noires. Très frugal, l'âne sauvage d'Afrique parvient à vivre dans des territoires extrêmement arides, se contentant de la maigre végétation ; contrairement à d'autres mammifères adaptés au désert, il a besoin de boire au moins tous les trois jours.

Taille : 200 cm ; queue de 35 à 50 cm **Poids :** 230 à 275 kg

Aire de répartition : Somalie, Éthiopie, Érythrée

5

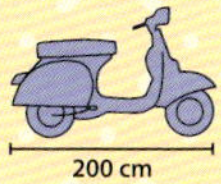

Son braiment s'entend jusqu'à 3 kilomètres de distance.

6. FENNEC *(Vulpes zerda)*

Appelé aussi renard des sables, le fennec est un petit renard à grandes oreilles. Mesurant jusqu'à 15 centimètres, ces dernières contribuent à abaisser la température corporelle et garantissent une ouïe très fine. La fourrure, de couleur crème hormis le bout de la queue noire, renforce le camouflage au milieu des dunes ; le poil plus fourni sur les pieds protège du contact avec le sable brûlant. Le fennec vit en groupes familiaux composés d'un couple, uni pour la vie, et de sa progéniture, y compris celle de l'année précédente qui aide les parents ; il passe la journée dans de profonds terriers et sort la nuit chasser de petits rongeurs, lézards, criquets et scorpions.

Taille : 24 à 41 cm ; queue de 18 à 31 cm **Poids :** 700 à 1 600 g

Aire de répartition : Afrique du Nord et désert d'Arabie

7. CARACAL *(Caracal caracal)*

Félin de taille moyenne au corps élancé, avec une petite tête, une queue assez courte et des pattes postérieures plus longues et musclées que les antérieures. Le pelage est fauve ; le museau porte quelques taches noires et les grandes oreilles sont surmontées d'un pinceau de poils noirs pouvant atteindre 8 centimètres de long. Le caracal fréquente aussi bien les zones désertiques que les savanes, mais préfère les milieux secs avec quelques buissons. Habile chasseur, il capture rongeurs et lièvres, des oiseaux comme les perdrix, des serpents et lézards, et des proies plus grosses, telles les gazelles. En cas de danger, il se tapit sur le sol et échappe au regard en se fondant dans la végétation sèche.

Taille : 62 à 91 cm ; queue de 18 à 34 cm

Poids : mâle, 12 à 19 kg ; femelle, 7 à 13 kg

Aire de répartition : Afrique et Asie centrale

7

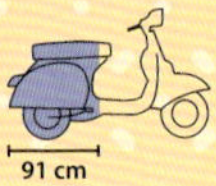

En sautant jusqu'à 2 ou 3 mètres de haut, il parvient à capturer des oiseaux en vol.

6

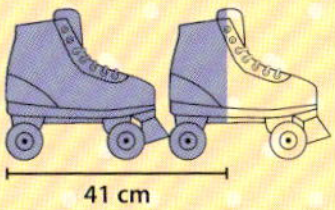

Symbole de l'Algérie, le fennec est la mascotte de l'équipe nationale de football.

8. GAZELLE DAMA *(Nanger dama)* CR

8

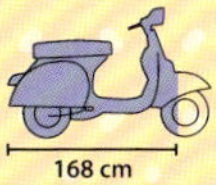

Emblème de l'équipe de football du Niger.

Grande gazelle aux longues pattes fines et au long cou, avec une robe fauve et blanche et des cornes relativement courtes (25 à 35 centimètres) en S et dirigées vers l'arrière (celles des femelles sont plus petites et plus fines). Elle fréquente les zones désertiques et les steppes buissonneuses et accomplit de longues migrations. À la saison des pluies, elle profite de la croissance rapide d'herbes dans le désert, formant des groupes qui comptent jusqu'à plusieurs dizaines d'individus ; à la saison sèche, elle se déplace dans les steppes en groupes plus restreints guidés par un mâle dominant. Elle se nourrit d'herbes, d'écorces et de feuilles d'arbustes et d'acacias, se dressant sur ses pattes arrière pour atteindre les feuilles les plus hautes.

Taille : 140 à 168 cm

Poids : mâle, 40 à 75 kg ; femelle, 35 à 40 kg

Aire de répartition : sud du Sahara

9. DROMADAIRE *(Camelus dromedarius)*

De très longues pattes, un grand cou courbé et une grosse bosse sur le dos : le dromadaire s'avère parfaitement adapté à la vie dans le désert. La bosse est une réserve de graisse ; ses pieds aux longs doigts calleux lui permettent de se déplacer avec aisance sur le sable mou ; en cas de tempête de sable, il peut fermer ses narines, tandis que ses yeux sont protégés par une double rangée de cils. Capable de rester plusieurs jours sans boire, il se nourrit des buissons et des plantes épineuses du désert, ainsi que d'herbes riches en sel qui sont toxiques pour n'importe quel autre herbivore.

Taille : 300 cm **Poids :** 400 à 600 kg
Aire de répartition : Sahara, Arabie et Moyen-Orient

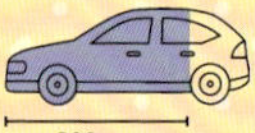

Il peut boire 100 litres d'eau en 10 minutes.

LE VAISSEAU DU DÉSERT

Les Bédouins d'Arabie l'ont baptisé ainsi pour son aptitude à couvrir de grandes distances en portant de lourdes charges. Un dromadaire peut parcourir jusqu'à 150 kilomètres par jour avec 200 kilos sur son dos, et rester huit jours sans boire, transformant la graisse de sa bosse en eau.

UN PRÉCIEUX ALLIÉ DES NOMADES

Animal iconique, le dromadaire est un grand camélidé constituant depuis 4 000 ans la principale ressource des populations vivant dans les déserts d'Afrique du Nord et du Moyen-Orient. Depuis très longtemps, en effet, il permet aux nomades de survivre en leur fournissant viande, lait, cuir et poil, et leur sert également de monture et de bête de somme. Tous les dromadaires sont aujourd'hui domestiqués, même s'ils sont souvent élevés dans la nature. La seule population sauvage se trouve en Australie, où les dromadaires furent introduits au milieu du XIXe siècle comme animal de bât mais où, avec l'essor des véhicules à moteur, ils furent progressivement abandonnés et retournèrent à l'état sauvage. L'Australie compte désormais environ 500 000 dromadaires sauvages.

EN SELLE !

Au fil des siècles, les éleveurs de dromadaires ont sélectionné des races possédant des caractéristiques adaptées à différents emplois. Citons ainsi les méharis, élevés dans la région du Mahra (sud de l'Arabie). Il s'agit de spécimens aux longues pattes robustes et au corps élancé convenant parfaitement pour la course. Les dromadaires ne sont pas particulièrement rapides, mais ils peuvent courir longtemps ; très populaires surtout en Arabie, les courses de dromadaires se déroulent sur des parcours dépassant parfois 20 kilomètres. Des dromadaires de selle sont couramment utilisés pour transporter les touristes.

DANS LA MER D'HERBE DES SAVANES INFINIES

GIRAFE
(Giraffa camelopardalis)

Les savanes sont de vastes plaines d'herbe caractérisées par un climat chaud et sec, avec une longue saison sèche et des pluies peu abondantes ou concentrées sur une brève période. La faible pluviosité freine la croissance des arbres, de sorte que la végétation se compose essentiellement d'herbes et d'arbustes, avec de rares arbres isolés, les bandes boisées se limitant aux rives des cours d'eau. Cette mer d'herbe constitue un milieu idéal pour de nombreuses espèces, à commencer par les herbivores se nourrissant d'herbe (gnous, zèbres, gazelles, hippopotames) ou broutant les feuilles des arbres et des arbustes (antilopes, girafes, rhinocéros, éléphants). L'abondance de proies attire par ailleurs beaucoup de prédateurs, qu'ils chassent en groupe, comme le lion, la hyène et le lycaon, ou en solitaire, tel le léopard ou le guépard (illustration).

LES MAGNIFIQUES BIG FIVE

Trophées les plus prestigieux et les plus difficiles à obtenir, les animaux d'Afrique chassés librement ont reçu le nom de Big Five (Cinq Grands). Les occasions de capturer les grands mammifères africains sont désormais très réduites et certaines espèces sont strictement protégées, mais les Big Five font encore l'objet de la convoitise de millions de touristes et de photographes naturalistes qui visitent chaque année les savanes africaines.

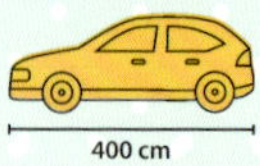

1. ÉLÉPHANT DE SAVANE D'AFRIQUE

(Loxodonta africana) **VU**

Le plus grand mammifère terrestre revêt une apparence incomparable : un corps massif sur de longues pattes cylindriques, un nez fusionné avec la lèvre supérieure et allongé en trompe, de grandes oreilles et deux longues défenses. Le précieux ivoire de ses défenses est précisément à l'origine des persécutions qui l'ont conduit au bord de l'extinction ; aujourd'hui sa chasse est interdite, mais il est encore victime des braconniers. L'éléphant de savane d'Afrique vit en troupes nombreuses comprenant des femelles et des jeunes guidés par la femelle la plus âgée ; les mâles adultes mènent généralement une existence solitaire. Il se nourrit d'herbes, de feuilles, d'écorces d'arbres et doit consommer en moyenne 300 kilos de nourriture par jour.

Taille : 220 à 400 cm ; queue de 100 à 150 cm

Poids : mâle, 5 000 à 6 300 kg ; femelle, 2 800 à 3 500 kg

Aire de répartition : Afrique centrale et du Sud

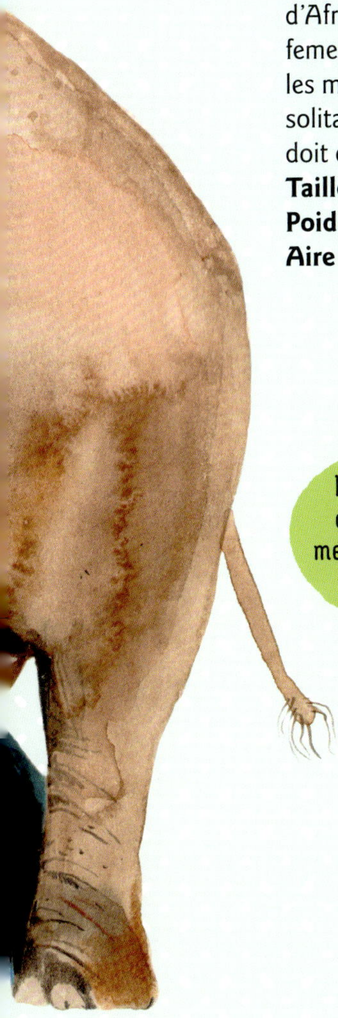

La plus grande défense jamais mesurée atteignait 3,50 mètres.

2. BUFFLE D'AFRIQUE *(Syncerus caffer)* NT

Bovin au corps très massif, avec de courtes pattes robustes, un poil ras noir ou brun foncé et de grandes cornes recourbées qui, chez les mâles, peuvent dépasser 1 mètre d'envergure et fusionnent pour former une plaque protégeant le crâne. Le buffle fréquente aussi bien les savanes que les forêts, pourvu qu'il y ait de l'herbe en abondance et de l'eau à proximité. Il vit en troupeaux de mâles adultes, de juvéniles et de femelles avec leurs veaux qui comptent parfois des milliers d'individus. Très agressif, il peut mettre un lion en fuite et attaquer aussi les hommes qui s'approcheraient trop.

Taille : 170 à 340 cm ; queue de 70 à 110 cm **Poids :** 500 à 900 kg

Aire de répartition : Afrique au sud du Sahara

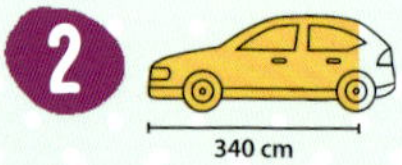

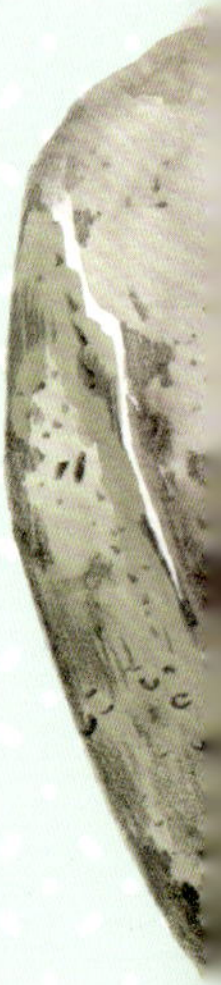

Il se roule souvent dans la boue pour se munir d'une couche protectrice contre les mouches et les taons.

3. RHINOCÉROS NOIR *(Diceros bicornis)* CR

Il s'agit de l'une des deux espèces de rhinocéros présentes en Afrique (l'autre est le rhinocéros blanc). Le corps est cylindrique, avec de courtes pattes robustes et une peau glabre de couleur gris foncé. La lèvre supérieure, de forme triangulaire et très mobile, convient parfaitement pour brouter les feuilles des arbustes à la base de son régime alimentaire. Les deux cornes situées entre le front et les narines se composent de la même substance que les poils : l'antérieure est généralement plus longue et peut mesurer plus de 1 mètre. Ces cornes sont très recherchées en médecine traditionnelle asiatique, et bien que protégée, cette espèce a presque été exterminée, survivant désormais dans des parcs et des réserves.

Taille : 300 à 375 cm ; queue de 70 cm

Poids : mâle, 996 à 1 362 kg ; femelle, 890 à 1 250 kg

Aire de répartition : Afrique de l'Est et du Sud

Dans certaines zones protégées, les rhinocéros ont leurs cornes coupées pour échapper aux braconniers.

4. LÉOPARD *(Panthera pardus)* VU

Grand félin agile et élégant, le léopard est aussi puissant et possède un pelage fauve semé de petites taches noires qui, sur les flancs et le dos, se regroupent pour former des rosettes circulaires caractéristiques. Cet animal solitaire chasse surtout la nuit ; il affectionne les zones avec des buissons et des arbres où il se tient à l'affût de ses proies. Il peut capturer de grandes antilopes mais se contente aussi d'animaux plus petits, comme des lièvres ou des oiseaux, voire de gros insectes. Les plus grosses proies sont souvent hissées à la fourche d'un arbre, hors de portée des lions et des hyènes.

Taille : mâle, 160 à 213 cm ; femelle, 170 à 190 cm ; queue de 68 à 110 cm
Poids : mâle, 31 à 65 kg ; femelle, 17 à 58 kg
Aire de répartition : Afrique et Asie

4

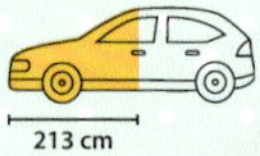

L'extrémité claire de la queue permet aux petits de suivre leur mère dans l'herbe haute.

5. LION *(Panthera leo)* VU

Le lion est le plus grand des félins et le seul à avoir développé des comportements sociaux, vivant en troupes qui collaborent pour chasser et défendre le territoire. Le dimorphisme sexuel est par ailleurs très net : les mâles adultes se distinguent par leur crinière qui recouvre les côtés du museau, le cou et les épaules. Les troupes comprennent un certain nombre de femelles, de jeunes immatures et de lionceaux, auxquels s'ajoutent un ou plusieurs mâles dominants. La chasse est généralement l'affaire des femelles, mais une fois la proie abattue, ce sont les mâles qui accèdent en priorité à la nourriture. Antilopes, gnous, zèbres et buffles figurent parmi les proies les plus fréquentes, mais les lions « volent » aussi des animaux tués par des léopards, des guépards ou des hyènes.

Taille : mâle, 170 à 250 cm ; femelle, 140 à 175 cm ; queue de 60 à 100 cm
Poids : 126 à 272 kg **Aire de répartition :** Afrique au sud du Sahara

La nuit, le rugissement d'un lion s'entend jusqu'à 8 kilomètres de distance.

6. GUÉPARD *(Acinonyx jubatus)* VU

Félin au pelage jaune d'or densément tacheté de noir qui le fait ressembler au léopard, mais la ressemblance s'arrête là : le corps est beaucoup plus mince et élancé, avec une poitrine profonde, une petite tête et de longues pattes fines. Les griffes ne sont pas rétractiles : une adaptation précieuse pour courir mais qui ne permet pas d'agripper les proies. La technique de chasse est elle aussi différente : le guépard ne pratique pas l'affût et poursuit ses proies, surtout des gazelles, en comptant sur sa vitesse ; sur de brèves distances, il peut dépasser 100 km/h. Contrairement aux autres félins, il chasse presque exclusivement le jour.

Taille : 112 à 150 cm ; queue de 60 à 80 cm

Poids : 35 à 65 kg

Aire de répartition : Afrique de l'Est et du Sud

7. SERVAL *(Leptailurus serval)*

Le serval ressemble à un gros chat, mais avec des pattes plus longues, une tête plus petite avec de grandes oreilles et une queue plus courte. Le pelage est jaunâtre ou beige, avec des taches et de larges rayures noires en anneaux sur la queue. Il fréquente des prairies à l'herbe haute, des roselières et des zones arbustives qui lui offrent de bonnes cachettes. Solitaire, il chasse de préférence la nuit ou tôt le matin. Il capture surtout de petits rongeurs, qu'il localise grâce à son ouïe très fine et qu'il immobilise en leur sautant dessus à pattes jointes avant de les tuer d'une morsure.

Taille : 60 cm ; queue de 25 à 38 cm

Poids : mâle, 9 à 18 kg ; femelle, 9 à 12,5 kg

Aire de répartition : Afrique

Une rayure blanche horizontale barre le dos des oreilles.

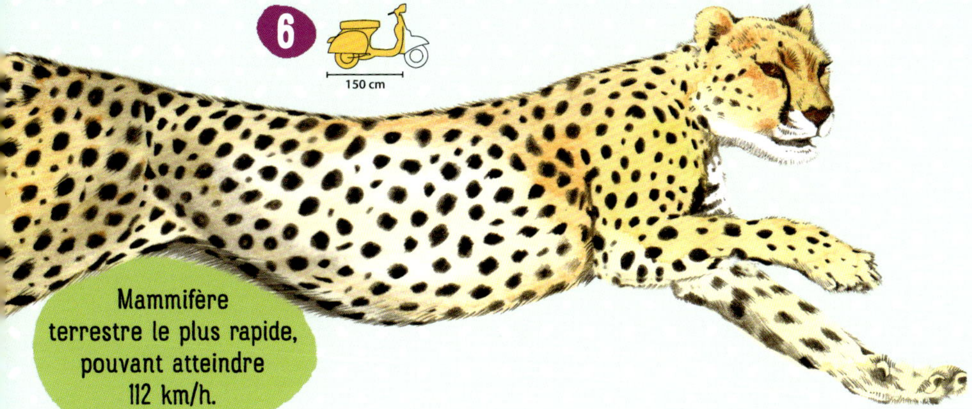

Mammifère terrestre le plus rapide, pouvant atteindre 112 km/h.

8. LYCAON *(Lycaon pictus)* EN

Le nom scientifique *pictus*, à savoir « peint », illustre sa principale caractéristique. Le pelage présente en effet des taches noires, brunes, fauves, blanches et jaunâtres qui diffèrent d'un individu à l'autre ; les seules constantes sont la face noire et l'extrémité de la queue blanche. Les pattes sont longues et les oreilles, très grandes et rondes. Les lycaons vivent en troupes nombreuses comprenant parfois plusieurs dizaines d'exemplaires ; seul un couple dominant se reproduit, mais tous les membres de la meute collaborent pour élever les petits. Ils chassent en groupe, poursuivant la proie jusqu'à ce qu'elle s'épuise ; ils parviennent ainsi à capturer des animaux deux fois plus grands qu'eux.

Taille : 75 à 110 cm ; queue de 30 à 40 cm
Poids : 18 à 36 kg
Aire de répartition : Afrique centro-méridionale

Au retour de la chasse, les lycaons régurgitent une partie de la nourriture pour les petits et les adultes restés aux côtés de ces derniers.

9. OTOCYON *(Otocyon megalotis)*

Petit canidé qui ressemble à un renard mais s'en distingue par ses très grandes oreilles. La fourrure est brun grisâtre, avec les pattes, le museau, le dos des oreilles et l'extrémité de la queue noirs. L'otocyon vit en groupes familiaux composés d'un couple et de sa progéniture. Il chasse surtout la nuit, se nourrissant d'insectes, à commencer par des termites ; il localise ses proies grâce à son ouïe très fine, avec ses grands pavillons auriculaires qui amplifient le moindre bruit.

Taille : 46 à 66 cm ; queue de 23 à 34 cm

Poids : 3 à 5,3 kg

Aire de répartition : Afrique de l'Est et du Sud

9

Les grandes oreilles contribuent aussi à abaisser la température corporelle.

10. GIRAFE *(Giraffa camelopardalis)* VU

Animal incomparable avec son immense cou qui lui permet de brouter les feuilles à la cime des arbres. La robe est marron plus ou moins clair, avec des taches brunes de forme variable ; la forme et la disposition des taches varient en fonction de la région occupée et d'un individu à l'autre. La girafe fréquente la savane sèche arborée et se nourrit presque exclusivement de feuilles, graines et fruits des arbres, en particulier des acacias. Lorsqu'ils s'affrontent pour établir la hiérarchie, les mâles utilisent leur tête comme une massue, se frappant violemment à tour de rôle.

Taille : 470 à 570 cm ; queue de 75 à 100 cm

Poids : mâle, 1 100 à 1 390 kg ; femelle, 700 à 1 182 kg

Aire de répartition : Afrique au sud du Sahara

10

570 cm

Le
plus haut
mammifère au
monde.

Mesurant jusqu'à
45 centimètres de long, la
langue s'enroule autour des
feuilles pour les arracher,
sans se soucier des
épines.

11. RHINOCÉROS BLANC *(Ceratotherium simum)* NT

Plus grand mammifère terrestre après l'éléphant. Comparé au rhinocéros noir, le rhinocéros blanc est plus gros, avec un cou plus long, une tête plus massive et une lèvre supérieure carrée, mieux adaptée pour brouter l'herbe basse constituant l'essentiel de son régime alimentaire. La peau glabre est grise (le qualificatif « blanc » serait le fruit d'une confusion entre les termes anglais *wide*, large, et *white*, blanc). Cette espèce possède elle aussi deux cornes, avec l'antérieure plus longue, et tout comme le rhinocéros noir, elle a presque été exterminée par les braconniers à cause de ces dernières.

Taille : 335 à 377 cm ; queue de 57 à 77 cm

Poids : mâle, 2 040 à 2 260 kg ; femelle, 1 400 à 1 600 kg

Aire de répartition : Afrique de l'Est et du Sud

11

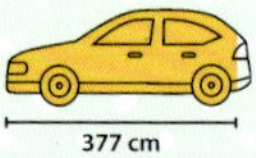

Pesant 40 kilos à la naissance, le petit rhinocéros reste deux ou trois ans avec sa mère.

12. BABOUIN JAUNE *(Papio cynocephalus)*

Singe de taille moyenne à la longue queue et au museau allongé rappelant celui d'un chien (d'où son nom scientifique *cynocephalus*, « tête de chien »). Les mâles sont presque deux fois plus grands que les femelles et possèdent une impressionnante dentition. Habile grimpeur, le babouin jaune s'est néanmoins adapté pour vivre au sol ; le jour, il parcourt la savane en quête de nourriture et la nuit, il trouve refuge dans les forêts clairsemées ou au milieu des rochers. Il vit en troupes pouvant compter plusieurs dizaines d'individus qui collaborent dans la recherche de nourriture et la défense du groupe. Il consomme des végétaux (herbes, fruits et bourgeons), mais aussi tout ce qu'il trouve sur son chemin : insectes, lézards, œufs d'oiseaux, petits mammifères, etc.

Taille : 50 à 115 cm ; queue de 45 à 70 cm

Poids : mâle, 25 à 45 kg ; femelle, 10 à 30 kg

Aire de répartition : Afrique au sud du Sahara

12

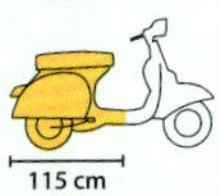

La queue est dressée à la racine et pendante au bout, comme cassée.

13. HIPPOPOTAME *(Hippopotamus amphibius)* VU

Animal adapté à la vie tant aquatique que terrestre. Le jour, il se tient dans l'eau de lacs et de fleuves à cours lent, et la nuit il pâture sur les rives. Il possède un corps massif, cylindrique, avec de très courtes pattes et une énorme tête à la très grande bouche ; les canines inférieures à croissance continue finissent par devenir de véritables défenses qui, chez les vieux mâles, peuvent atteindre 50 centimètres de long. La peau glabre est gris-noir, avec l'intérieur des plis rose ; extrêmement délicate, elle comporte des glandes qui sécrètent un liquide huileux protégeant du soleil.

Taille : 200 à 470 cm ; queue de 35 cm

Poids : mâle, 1 600 à 3 200 kg ; femelle, 655 à 2 344 kg

Aire de répartition : Afrique au sud du Sahara

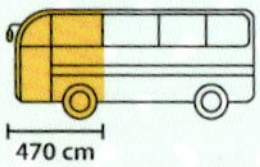

Un hippopotame adulte peut rester jusqu'à 15 minutes sous l'eau sans respirer.

Yeux, narines et oreilles se situent sur le dessus de la tête et affleurent quand l'animal est immergé dans l'eau.

LA GRANDE MIGRATION

Les savanes d'Afrique de l'Est sont le théâtre de l'un des spectacles les plus impressionnants de la nature. Les grandes prairies sont liées au cycle des pluies ; avec la pluie, l'herbe repousse et offre de quoi se nourrir à des millions d'animaux. Quand la ressource alimentaire commence à manquer, d'immenses troupeaux d'herbivores se mettent en route vers de nouveaux pâturages. Zèbres, antilopes, gazelles et, surtout, gnous se comptent alors par centaines de milliers. Chaque année, plus d'un million et demi de gnous bleus se déplacent immuablement des plaines du Masai Mara, au Kenya, à celles du Serengeti, en Tanzanie, pour revenir ensuite à leur point de départ, selon le rythme des pluies et la croissance de l'herbe.

RIEN NE LES ARRÊTE

Le moment le plus dramatique consiste en la traversée des grands fleuves qui barrent la route. Les animaux se pressent par milliers sur la berge, jusqu'à ce que les premiers trouvent le courage d'entrer dans l'eau ; poussés par une force irrésistible, les autres leur emboîtent le pas. Des milliers de gnous finiront noyés ou tués par les crocodiles à l'affût.

Selon la sous-espèce, la barbe est noire ou crème.

240 cm

14. GNOU BLEU *(Connochaetes taurinus)*

Grande antilope appartenant à la famille des bovidés, le gnou possède une grosse tête, de longues pattes fines et une paire de cornes en croissant, lisses ; celles du mâle peuvent mesurer jusqu'à 80 centimètres et se rejoignent à la base en formant une protubérance osseuse ; celles de la femelle sont plus courtes et minces. La robe est gris ardoise, plus ou moins foncée, avec quelques rayures noires sur la poitrine ; la face est noire, comme la crinière, et la longue queue rappelle celle du cheval ; les joues et le menton portent une barbe fournie. Le gnou se nourrit exclusivement d'herbe et vit en groupes parfois extrêmement nombreux.

Taille : 170 à 240 cm ; queue de 60 à 100 cm

Poids : mâle, 200 à 270 kg ; femelle, 168 à 233 kg

Aire de répartition : Afrique sud-orientale et australe

ATTENTION AUX RAYURES

De la même famille que les chevaux et les ânes, les zèbres présents dans les savanes africaines relèvent de trois espèces différentes. Tous se caractérisent par une incomparable robe à rayures blanc et noir qui se prolongent sur la crinière, droite et courte. La disposition des rayures est propre à chaque espèce, comme l'illustrent les portraits de cette page. La fonction précise de cette livrée n'a pas encore été complètement élucidée : la théorie la plus partagée veut que le contraste entre le blanc et le noir fasse office de camouflage disruptif et aide, surtout la nuit, à échapper aux prédateurs. La disposition des rayures diffère en outre légèrement d'un individu à l'autre au sein de la même espèce et permettrait donc, comme nos empreintes digitales, de reconnaître chaque spécimen.

15

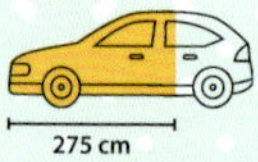

Des rayures noires fines et serrées sur tout le corps, et un ventre blanc.

15. ZÈBRE DE GRÉVY *(Equus grevyi)* EN

Appelé aussi zèbre impérial, le zèbre de Grévy est le plus grand. Il possède une grosse tête allongée avec de grandes oreilles rondes, et un cou large et massif. Il vit dans les savanes arides du nord du Kenya. Il se nourrit presque exclusivement d'herbe et doit boire régulièrement ; en cas de besoin, il creuse avec ses sabots le lit asséché des rivières pour atteindre l'eau. Les femelles avec leurs poulains forment de petits troupeaux, tandis que les mâles (étalons) défendent un territoire qu'ils occupent toute l'année. Il n'en subsiste désormais que quelques milliers d'exemplaires, concentrés dans de rares zones protégées.

Taille : 250 à 275 cm ; queue de 55 à 75 cm **Poids :** 350 à 450 kg
Aire de répartition : nord du Kenya

16

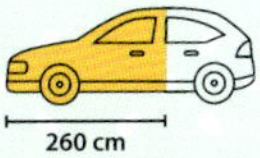

De fines rayures serrées sur le cou et les flancs, larges et espacées sur les cuisses.

17

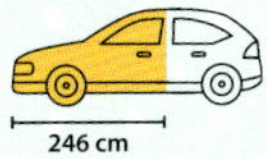

De larges rayures espacées qui se prolongent sur le ventre et l'intérieur des pattes.

16. ZÈBRE DE MONTAGNE

(Equus zebra) **VU**

Semblable au zèbre des plaines, mais adapté à des territoires plus arides et escarpés, voire rocheux, où il grimpe aisément grâce à ses sabots particulièrement robustes. Son cou présente un fanon plus ou moins prononcé. Comme le zèbre des plaines, il forme de petits troupeaux comptant un étalon et un certain nombre de femelles avec leurs poulains, tandis que les mâles célibataires se rassemblent à part. Quand l'herbe vient à manquer, il se nourrit également de feuilles et de rameaux. Il peut creuser avec ses sabots le lit asséché des rivières pour trouver de l'eau et prend souvent des bains de sable pour éliminer les parasites.

Taille : 210 à 260 cm ;
queue de 40 à 55 cm

Poids : 240 à 372 kg

Aire de répartition : Afrique du Sud

17. ZÈBRE DES PLAINES

(Equus quagga) **NT**

Appelé aussi zèbre de Burchell, il est l'un des herbivores les plus présents dans les savanes africaines. Doté d'une grande faculté d'adaptation, il fréquente prairies ouvertes et forêts clairsemées, se déplaçant en quête de nouveaux pâturages dès que les précédents sont épuisés. Les troupeaux se composent d'un étalon et d'un certain nombre de femelles avec leurs poulains ; les jeunes mâles forment des groupes séparés. Les étalons défendent ardemment leur troupe, s'attaquant aux prédateurs auxquels ils assènent de violents coups de sabot. Ces zèbres migrent en d'immenses troupeaux selon le cycle des pluies.

Taille : 217 à 246 cm ;
queue de 47 à 56 cm

Poids : 175 à 385 kg

Aire de répartition : Afrique de l'Est et du Sud

Son très long cou lui vaut le nom de gazelle-girafe.

18. GAZELLE DE WALLER

(Litocranius walleri) **NT**

La gazelle de Waller se distingue de toutes les autres antilopes par ses longues pattes fines et son immense cou. Le dimorphisme sexuel se limite à la présence de courtes cornes en forme de lyre chez le mâle. La robe est rousse, avec le ventre et la face intérieure des pattes blancs ; petite et étroite, la tête offre une plage blanche autour de l'œil et une tache noire sous ce dernier. Solitaire, ce spécimen fréquente les prairies sèches et arbustives, se nourrissant de feuilles qu'il atteint même sur les branches hautes en se dressant sur ses pattes postérieures.

Taille : 140 à 160 cm ; queue de 22 à 35 cm
Poids : 29 à 58 kg
Aire de répartition : Afrique de l'Est, de la Somalie à la Tanzanie

19. HIPPOTRAGUE NOIR *(Hippotragus niger)*

La robe d'un noir brillant à l'origine du nom de cette antilope caractérise uniquement le mâle, tout comme les très longues cornes en arc de cercle. Le corps est compact et robuste, avec une encolure massive ; la face est blanche et noire, et une épaisse crinière orne le cou. La queue se termine par une touffe. La femelle est plus petite, brun-roux, avec des cornes plus courtes. L'hippotrague noir vit dans la savane arbustive en groupes composés d'un mâle dominant et de quelques dizaines de femelles avec leur progéniture. Les jeunes mâles quittent les groupes à l'âge de 3 ans et rejoignent d'autres mâles, en attendant de conquérir leur propre territoire.

Taille : 190 à 255 cm ; queue de 40 à 75 cm

Poids : 220 à 238 kg

Aire de répartition : Afrique de l'Est, de la Somalie à l'Angola

19

Les cornes du mâle peuvent mesurer jusqu'à 160 centimètres de long.

20. SASSABI *(Damaliscus lunatus)*

Grande antilope dont les différentes sous-espèces sont présentes dans toute l'Afrique au sud du Sahara, mais surtout du Kenya à l'Afrique du Sud. Elle se reconnaît principalement à sa robe au poil ras et brillant de couleur brun-rouge sur la majeure partie du corps. Les cornes, annelées et en forme de S renversé, peuvent mesurer jusqu'à 40 centimètres de long. Les pattes antérieures sont plus longues que les postérieures, d'où la ligne oblique du dos. Le sassabi vit dans les savanes ouvertes, en petits troupeaux comprenant un mâle dominant et une dizaine de femelles avec leurs petits.

Taille : 150 à 205 cm ; queue de 60 cm **Poids :** 75 à 160 kg

Aire de répartition : Afrique au sud du Sahara

20

205 cm

Le mâle se poste souvent sur une éminence pour surveiller le territoire.

21. PETIT KOUDOU *(Tragelaphus imberbis)* NT

Élégante antilope élancée aux longues pattes fines et à la robe caractéristique, gris-brun avec de nombreuses rayures et taches blanches qui la rendent moins visible dans la dense végétation où elle vit. Le mâle possède de longues cornes en spirale, absentes chez la femelle. Le petit koudou fréquente surtout les broussailles sèches en lisière de la savane ; le jour, il se tient caché au cœur de la végétation et sort pâturer la nuit, se nourrissant de feuilles, rameaux, jeunes pousses et, dans une moindre mesure, d'herbes et de fruits.

Taille : 110 à 175 cm ; queue de 30 à 35 cm

Poids : 60 à 105 kg

Aire de répartition : Afrique de l'Est

Les cornes en spirale du mâle peuvent mesurer presque 1 mètre de long.

22

22. GALAGO MOHOLI *(Galago moholi)*

Petit prosimien peuplant les savanes arborées et les bosquets ripariens. Il possède une tête ronde, avec de grandes oreilles triangulaires et de gros yeux orange entourés d'un anneau sombre. La queue, beaucoup plus longue que le corps et touffue, est gris foncé. Actif la nuit, le galago moholi passe avec une formidable agilité d'un arbre à un autre pour se nourrir de sève et de résine. Le jour, il se réfugie dans des creux d'arbres pour échapper aux prédateurs. Son cri nocturne rappelle les pleurs d'un enfant, d'où son nom anglais de *bushbaby*, « bébé des broussailles ».

Taille : 14 à 17 cm ; queue de 20 à 28 cm
Poids : mâle, 160 à 255 g ; femelle, 142 à 229 g
Aire de répartition : Afrique centro-méridionale

Les doigts et les orteils ont des extrémités plates et arrondies pour mieux s'agripper aux branches.

23. HYÈNE TACHETÉE *(Crocuta crocuta)*

Hyène africaine la plus grande et la plus répandue. Le pelage est brun-jaune, avec des taches plus foncées sur le dos et les flancs. La tête est large, avec de puissantes mâchoires et une dentition capable de briser les os les plus gros ; les pattes antérieures sont plus longues, d'où la ligne inclinée du dos. La hyène tachetée forme des groupes mixtes dirigés par une femelle ; les mâles sont plus petits et jouent un rôle subordonné. Elle se nourrit de préférence de charognes et peut déceler l'odeur d'un animal mort à des centaines de mètres de distance, n'hésitant pas à voler leurs proies même aux lions. Elle chasse en meute qui peut l'emporter sur des gnous, des zèbres, des buffles, voire de jeunes girafes et rhinocéros.

Taille : 95 à 165 cm ; queue de 30 à 35 cm
Poids : mâle, 40 à 65 kg ; femelle, 45 à 75 kg
Aire de répartition : Afrique au sud du Sahara

23

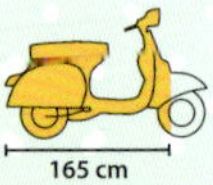

Elle observe le vol des vautours pour découvrir la présence de charognes.

24. DIK-DIK DE KIRK *(Madoqua kirkii)*

24

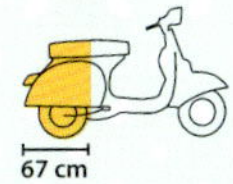

Très petite antilope aux pattes extrêmement fines, avec les postérieures plus longues et robustes, de sorte que l'animal semble toujours un peu penché en avant. Très grands et noirs, les yeux s'entourent d'un anneau blanc, et le nez allongé forme une courte trompe richement vascularisée, où le sang est refroidi avant de recirculer dans l'organisme. Seul le mâle possède de petites cornes droites et pointues, en partie cachées par une touffe de poils. Le dik-dik de Kirk fréquente les maquis buissonneux et vit en couple qui défend son territoire. Il se nourrit principalement de feuilles qui lui fournissent l'eau dont il a besoin.

Taille : 52 à 67 cm ; queue de 3,50 à 5 cm
Poids : 3 à 6 kg **Aire de répartition :** Afrique de l'Est

Il doit son nom de dik-dik à son cri d'alerte typique.

25. CHAT SAUVAGE D'AFRIQUE *(Felis silvestris lybica)*

Considéré comme l'ancêtre du chat domestique. Le pelage est de couleur sable ou brun grisâtre, avec des rayures souvent peu marquées sur le dos et plus prononcées sur les pattes ; la queue a des anneaux foncés et son extrémité est noire. Solitaire et nocturne, cette espèce chasse surtout des souris et des rats, ainsi que de petits oiseaux, des lézards et de gros insectes.

Taille : 45 à 80 cm ; queue de 24 à 37 cm **Poids :** 3 à 8 kg
Aire de répartition : Afrique et Moyen-Orient

25

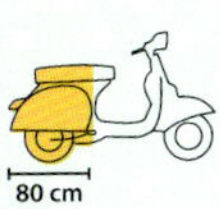

Le dos des oreilles est toujours fauve, cette caractéristique le distinguant des chats domestiques.

26

150 cm

Quand il s'enfuit, sa queue dressée à la verticale donne l'alerte.

26. PHACOCHÈRE COMMUN

(Phacochoerus africanus)

Seul cochon sauvage vivant dans des prairies sèches ou buissonneuses et actif le jour. Le corps est cylindrique, avec des pattes relativement fines, une peau épaisse et des poils clairsemés ; une longue crinière s'étend de la nuque au milieu du dos. La tête est très grosse ; les canines supérieures s'incurvent vers le haut et peuvent atteindre 60 centimètres de long chez les mâles ; plus courtes mais tranchantes, les canines inférieures font saillie sur les côtés. Le museau présente en outre quatre grosses verrues, bien plus prononcées chez les mâles. Le phacochère se nourrit d'herbes et de racines, de tubercules et de bulbes qu'il déterre avec ses défenses et son groin robuste.

Taille : 90 à 150 cm ; queue de 50 à 60 cm

Poids : mâle, 68 à 150 kg ; femelle, 45 à 71 kg

Aire de répartition : Afrique au sud du Sahara

27

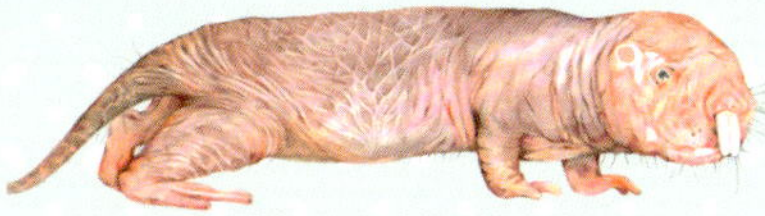

Le rat-taupe nu se sert de ses grandes incisives pour creuser les galeries.

27. RAT-TAUPE NU *(Heterocephalus glaber)*

Mammifère au corps cylindrique, avec la peau glabre, rose ou brune, et seulement quelques poils épars. La tête est grosse, avec des yeux minuscules, des oreilles sans pavillon et de très grandes incisives saillantes. Cette espèce vit en colonies dans un réseau de galeries souterraines dont elle ne sort presque jamais. Elle forme des sociétés rappelant celles des abeilles et des fourmis, avec une seule femelle reproductrice (la reine) et deux ou trois mâles qui s'accouplent avec elle ; tous les autres, mâles et femelles, s'occupent de procurer de la nourriture (racines, bulbes et tubercules), de protéger la colonie et d'élever les petits.

Taille : 14,70 à 16,50 cm ; queue de 6 à 8 cm **Poids :** 30 à 80 g

Aire de répartition : Afrique de l'Est

28

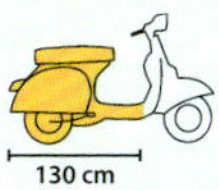

En cas de danger, il peut creuser un trou où se réfugier en moins de dix minutes.

28. ORYCTÉROPE DU CAP *(Orycteropus afer)*

Mammifère à l'aspect singulier, avec un museau tubulaire à l'extrémité évasée, de longues oreilles de lièvre et une puissante queue rappelant celle des kangourous. Il possède quatre doigts aux pieds antérieurs, et cinq aux pieds postérieurs, avec de grandes et robustes griffes en forme de pelle. Ces dernières constituent un précieux outil pour creuser les profonds terriers où il se réfugie durant la journée et pour éventrer les termitières et les fourmilières. Une fois les galeries mises à découvert, l'oryctérope du Cap y introduit sa longue langue collante mesurant jusqu'à 30 centimètres et capture larves et œufs. Il se sert de sa puissante queue et de ses griffes pour mettre ses agresseurs en déroute.

Taille : 105 à 130 cm ; queue de 70 cm **Poids :** 60 à 82 kg

Aire de répartition : Afrique au sud du Sahara

AFRIQUE

AU CŒUR DES FORÊTS À CHEVAL SUR L'EQUATEUR

GORILLE DE L'OUEST
(Gorilla gorilla)

Les forêts occupent une grande partie de l'Afrique centro-occidentale. La température est élevée toute l'année et les pluies sont très abondantes, ce qui favorise la croissance des arbres et d'un épais sous-bois avec des buissons, des plantes grimpantes et de hautes herbes, ainsi que la présence de rivières, d'étangs et de marécages. La faune est également très riche et variée ; à des milliers d'espèces d'insectes, d'amphibiens et d'oiseaux s'ajoutent plus de 400 espèces de mammifères, avec plusieurs dizaines de petits rongeurs, insectivores, chauves-souris et divers singes, dont deux espèces de gorilles, le chimpanzé et le mandrill au museau vivement coloré. Au cœur de la forêt se cache le mystérieux okapi (illustration), un animal semblant issu du croisement entre une girafe et un zèbre, inconnu en Europe jusqu'au début du XXe siècle.

1

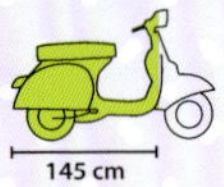

La femelle construit un nid d'herbes et de feuilles où sa progéniture verra le jour.

1. POTAMOCHÈRE *(Potamochoerus porcus)*

Cochon sauvage fréquentant la forêt tropicale et les broussailles. Le pelage est fauve, avec les pattes noirâtres et des taches noires et blanches sur le museau ; une raie de poils blancs court sur le dos, les joues et les flancs portent de longs poils blancs, et les grandes oreilles minces se terminent par une longue touffe. Les mâles adultes possèdent deux grosses protubérances sur les côtés du museau. Le potamochère vit en groupes familiaux comprenant un mâle dominant et quelques femelles avec leurs petits. Actif la nuit et omnivore, il consomme racines, tubercules et bulbes qu'il déterre avec son groin et ses défenses, fruits, insectes, limaces, œufs d'oiseaux, petits rongeurs, et même des charognes.

Taille : 105 à 145 cm ; queue de 30 à 40 cm **Poids :** 45 à 115 kg

Aire de répartition : Afrique centrale et occidentale

2. PANGOLIN À PETITES ÉCAILLES *(Phataginus tricuspis)* EN

Principalement caractérisé par un corps recouvert de solides écailles triangulaires, ce spécimen possède un museau allongé, de courtes pattes munies de cinq fortes griffes et une queue plus longue que le corps. Il passe beaucoup de temps dans les arbres où il grimpe aisément, aidé en cela par sa queue préhensile, mais il descend aussi au sol. Il se nourrit surtout de fourmis et termites qu'il capture avec sa longue langue collante. En cas de danger, il se roule en boule et peut blesser avec les bords tranchants de ses écailles animées d'un mouvement de va-et-vient. Quand la femelle est accompagnée d'un petit, celui-ci se met également en boule et sa mère s'enroule autour de lui.

Taille : 33 à 43 cm ; queue de 49 à 62 cm **Poids :** 4,5 à 14 kg

Aire de répartition : Afrique centrale

3. OKAPI *(Okapia johnstoni)* EN

De la même famille que la girafe, l'okapi a des pattes et un cou plus courts, et son aspect rappelle celui du cheval. Il est présent uniquement dans la forêt la plus impénétrable et une zone restreinte d'Afrique de l'Ouest. La robe est brune, avec d'éclatantes rayures blanches sur la croupe et les pattes : cette livrée renforce son camouflage dans le contraste entre l'ombre et la lumière du sous-bois. Il possède de grandes oreilles et une longue langue noire comparable à celle de la girafe, avec laquelle il arrache les feuilles des arbres qui, avec les bourgeons et les jeunes pousses, constituent la base de son régime alimentaire. Le mâle a deux courtes cornes recouvertes de velours.

Taille : 150 à 205 cm ; queue de 30 à 40 cm
Poids : 200 à 350 kg
Aire de répartition : bassin du fleuve Congo

3

Mesurant jusqu'à 45 centimètres de long, la langue lui sert aussi à se nettoyer les yeux et les oreilles.

2

Dépourvu de dents, il ingère de petites pierres et du sable pour broyer la nourriture dans son estomac.

4. HIPPOPOTAME NAIN *(Hexaprotodon liberiensis)* EN

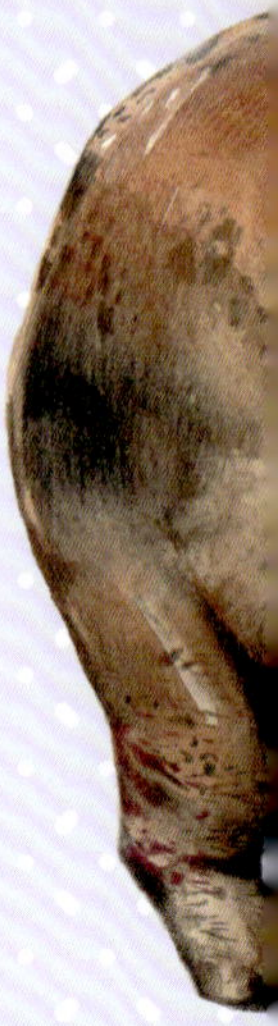

De la même famille que l'hippopotame décrit précédemment, l'hippopotame nain ressemble beaucoup à ce dernier par son apparence et son comportement ; la principale différence réside dans sa taille, nettement plus réduite. Sa tête est en outre proportionnellement plus petite et ses pattes, plus longues ; les yeux sont situés sur les côtés de la tête et non pas au sommet du crâne, comme chez l'autre espèce. Solitaire et actif la nuit, il ne s'éloigne jamais d'étangs ou de cours d'eau où il s'immerge souvent durant la journée pour se rafraîchir. Il se nourrit d'herbes diverses, fougères et plantes aquatiques.

Taille : 150 à 175 cm ; queue de 20 cm **Poids :** 160 à 275 kg

Aire de répartition : Afrique centro-occidentale

5. BONGO *(Tragelaphus eurycerus)* NT

Grande antilope des forêts à robe rouge châtain avec 10 à 15 fines rayures blanches sur les flancs et des taches blanches et noires sur le museau et sur les pattes. Cette coloration paraît voyante, mais elle contribue en réalité à camoufler la silhouette de l'animal au cœur de la forêt où il vit. Les mâles sont solitaires, tandis que les femelles et les jeunes forment des groupes parfois nombreux. Actif la nuit, le bongo se nourrit d'herbes et de feuilles tendres qu'il arrache avec sa longue langue.

Taille : 170 à 250 cm ; queue de 45 à 65 cm

Poids : mâle, 240 à 405 kg ; femelle, 210 à 235 kg

Aire de répartition : Afrique centro-occidentale

5

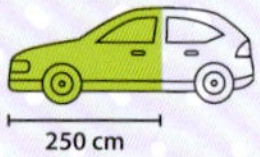

Mâles et femelles ont de longues cornes en spirale.

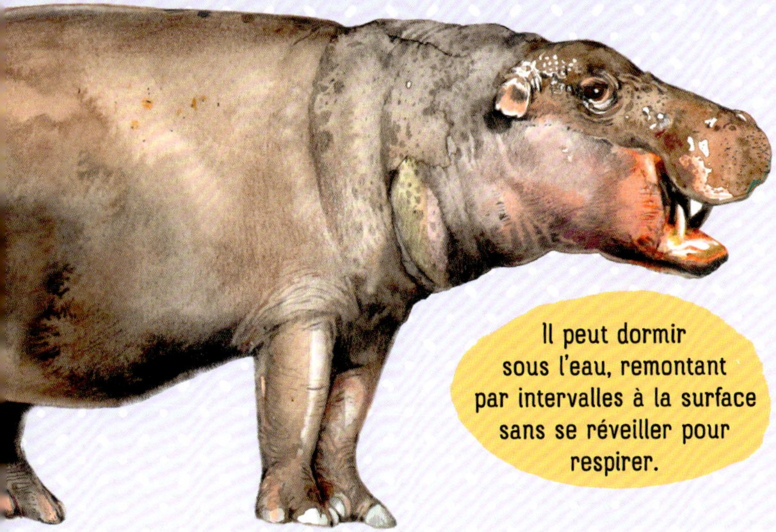

4

Il peut dormir sous l'eau, remontant par intervalles à la surface sans se réveiller pour respirer.

6. CIVETTE AFRICAINE *(Civettictis civetta)*

Carnivore au pelage gris argenté ou crème, avec des taches brunes, des rayures foncées et blanches sur le cou, et un petit masque noir autour des yeux. La queue, très fournie, offre une série d'anneaux sombres. Nocturne, solitaire et très discrète, la civette africaine est omnivore et se nourrit de fruits, petits rongeurs, œufs, oiseaux, insectes et charognes. Elle marque son territoire avec la sécrétion de plusieurs glandes situées sous la queue, à la très forte odeur musquée ; cette substance a été utilisée durant des siècles pour confectionner des parfums, raison pour laquelle la civette a été intensément chassée et même élevée dans certains pays d'Afrique.

Taille : 60 à 90 cm ; queue de 43 à 60 cm **Poids :** 12 à 15 kg

Aire de répartition : Afrique au sud du Sahara

6

L'odeur musquée est si forte qu'elle met parfois trois à quatre mois avant de disparaître.

7. COLOBE GUÉRÉZA *(Colobus guereza)*

Singe de taille moyenne au pelage noir et blanc très caractéristique. La couleur de fond est noire, mais deux franges de longs poils blancs et fins s'étirent des épaules à la base de la queue, en se rejoignant pour former un grand U. La queue se termine elle aussi par une grosse touffe blanche plus ou moins longue. La face glabre est grise et s'entoure d'un anneau de poils blancs. La main n'a que quatre doigts : le pouce est absent ou se réduit à une ébauche. Le colobe guéréza est actif le jour et passe la plupart de son temps dans les arbres ; il se nourrit principalement de feuilles et complète son régime alimentaire avec des fruits, graines, fleurs, écorces et quelques insectes.

Taille : 45 à 72 cm ; queue de 52 à 100 cm **Poids :** 5 à 14 kg

Aire de répartition : Afrique centrale

Les mâles émettent de puissants cris semblables à des rugissements pour signaler que le territoire est occupé.

8. CERCOPITHÈQUE DE BRAZZA *(Cercopithecus neglectus)*

Ce singe doit son nom à Pierre Savorgnan de Brazza, qui fut parmi les premiers Européens à explorer la région du fleuve Congo. De taille moyenne, il possède une queue très longue, mais non préhensile. Le pelage est de couleur gris-vert olive, avec le postérieur blanc, une étroite bande blanche sur les cuisses, la queue et les membres noirs ; la tête est très colorée, avec la zone autour du nez et la barbe blanches, et un croissant orange sur le front, surmonté d'une sorte de turban noir. Quand il se sent menacé, il se recroqueville pour cacher ses parties colorées et reste immobile, parfois des heures durant, jusqu'à ce que le danger soit passé.

Taille : 40 à 63 cm ; queue de 90 à 150 cm **Poids :** 4 à 7 kg

Aire de répartition : Afrique centrale

9. MANDRILL *(Mandrillus sphinx)* VU

Le mandrill est le plus grand singe non anthropomorphe. Le mâle est incomparable avec son museau allongé, rouge au centre et autour des narines et bleu sur les côtés. Les fesses sont également bleues et pourpres, ces couleurs devenant plus vives quand l'animal est excité. Le pelage est vert olive et la queue, très courte, dressée à la verticale. Femelles et juvéniles forment des groupes nombreux, tandis que les mâles adultes sont plus solitaires. Omnivore, le mandrill consomme surtout fruits, graines et champignons, mais aussi des insectes, lézards, grenouilles et petits vertébrés. Actif le jour, il se tient habituellement au sol, mais se réfugie la nuit dans les arbres.

Taille : 55 à 95 cm ; queue de 8 cm **Poids :** 10 à 37 kg

Aire de répartition : Afrique équatoriale

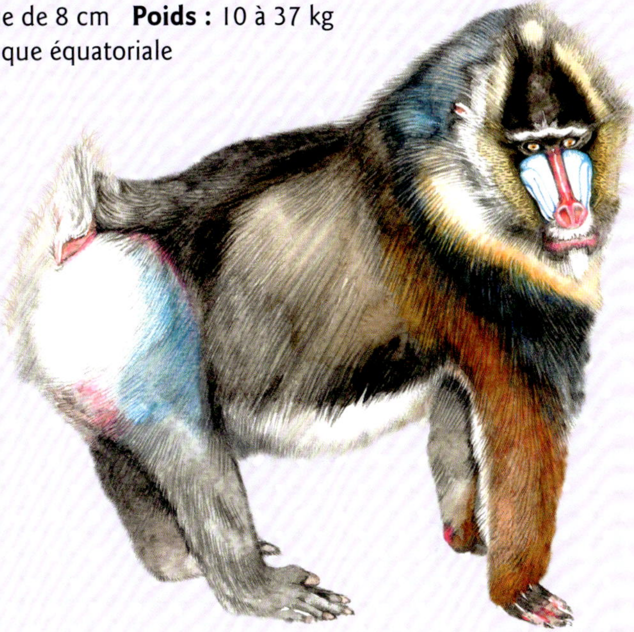

9

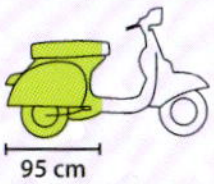

De l'anglais *man* (homme) et drill (espèce de singe), mandrill signifie « homme singe ».

8

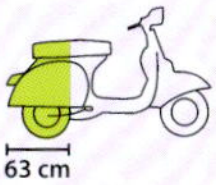

Quand il mange, il emmagasine la nourriture dans ses abajoues.

10. CHIMPANZÉ COMMUN

(Pan troglodytes) **EN**

Il possède de très longs bras et des membres postérieurs plus courts ; le pelage sur le corps est brun foncé ou noir ; la face, les grandes oreilles, la paume des mains et la plante des pieds sont nues ; les pieds ont eux aussi un pouce opposable, ce qui facilite la préhension des branches. Les chimpanzés passent beaucoup de temps dans les arbres, mais ils évoluent avec agilité au sol également. Omnivores, ils mangent des fruits et des feuilles, des œufs, des insectes et du miel, mais chassent par ailleurs des oiseaux et de petits animaux, singes de taille inférieure inclus.

Taille : 63 à 92 cm

Poids : mâle, 34 à 70 kg ; femelle, 26 à 50 kg

Aire de répartition : Afrique centrale

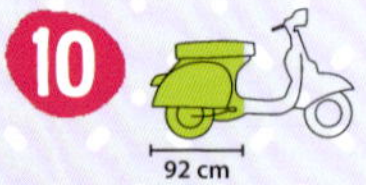

Il se sert de pierres pour casser les coques des fruits et de baguettes pour extraire les termites de leurs galeries.

LES GÉANTS DE LA FORÊT

Deux espèces de gorilles sont présentes dans les forêts d'Afrique centro-occidentale ; bien que très semblables par leur apparence et leur comportement, elles sont considérées comme des espèces distinctes par les zoologistes. La première, appelée gorille de l'Ouest, vit dans le bassin du fleuve Congo et ses affluents ; l'autre, dénommée gorille de l'Est, occupe une zone restreinte à la frontière entre l'Ouganda, le Kenya et le Rwanda. Toutes deux comptent désormais un nombre réduit d'individus et sont en danger critique, principalement menacées par la destruction des forêts constituant leur habitat et par la persécution dont elles font l'objet de la part de braconniers qui les chassent pour se procurer de la viande ou des trophées.

11. GORILLE DE L'EST *(Gorilla beringei)* CR

Le gorille de l'Est est très comparable à celui de l'Ouest et chez cette espèce également, les mâles sont nettement plus grands et plus lourds que les femelles. La sous-espèce appelée gorille des plaines de l'Est est celle qui bat le record, les mâles adultes pouvant dépasser 200 kilos. Les individus de la sous-espèce des montagnes vivant dans les monts Virunga, à la frontière entre l'Ouganda, le Rwanda et la République démocratique du Congo, sont en revanche un peu plus petits et revêtent un pelage plus foncé et plus fourni, pour supporter les plus faibles températures de leur environnement.

Taille : 150 à 185 cm **Poids :** 90 à 205 kg **Aire de répartition :** Afrique centrale

11

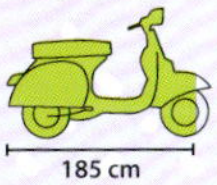

Un gorille adulte mange environ 30 kilos de nourriture par jour.

12. GORILLE DE L'OUEST

(Gorilla gorilla) **CR**

Tous les gorilles ont une très forte corpulence, avec des bras très longs et des membres postérieurs plus courts. Ils peuvent marcher debout, mais sur quelques mètres seulement ; ils se déplacent habituellement à quatre pattes, en s'appuyant sur les phalanges de leurs mains. La tête est très grande, avec un nez aplati et un crâne très allongé. Le gorille de l'Ouest est légèrement plus petit que celui de l'Est, avec des bras plus longs et des narines plus épatées ; le pelage est gris foncé ou noir, un peu plus clair que chez le gorille de l'Est, avec d'éventuelles nuances marron. La peau est noire et face, paume des mains et plante des pieds et oreilles sont nues.

Taille : 135 à 180 cm **Poids :** 80 à 150 kg

Aire de répartition : Afrique centro-occidentale

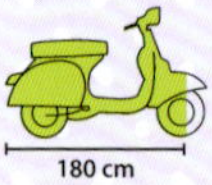

LA MENACE SUFFIT

Le gorille est le plus grand singe anthropomorphe. Un « dos argenté », c'est-à-dire un gros mâle ainsi dénommé en raison de la coloration de son pelage qui devient gris sur le dos au fil des ans, revêt un aspect vraiment effrayant avec son corps massif, ses longs bras musclés et sa large et puissante poitrine. En colère, il montre les dents et se frappe le torse à violents coups de poing : ce spectacle impressionnant est presque toujours une manœuvre d'intimidation et se solde rarement par une véritable attaque. Les gorilles sont en effet des animaux très pacifiques qui évitent autant que faire se peut les affrontements.

Un gorille de l'Ouest a été observé en train de se servir d'un bâton pour évaluer la profondeur d'un étang avant de le traverser.

SUR L'ÎLE DES LÉMURIENS

SIFAKA

(Propithecus verreauxi)

Quatrième plus grande île au monde par sa taille, Madagascar se situe 400 kilomètres au large de la côte d'Afrique de l'Est. Elle s'est séparée de l'Afrique, puis de l'Inde il y a plusieurs millions d'années, et cet isolement a permis à la faune et à la flore de développer des caractéristiques particulières et uniques. 80 % des animaux vivant à Madagascar sont endémiques, c'est-à-dire présents uniquement sur l'île. Parmi eux, citons les lémuriens comme le maki catta, le sifaka (illustration) ou bien l'indri. Quand les zoologistes européens classifièrent ces animaux aux gros yeux hallucinés et aux habitudes nocturnes, ils les baptisèrent lémuriens, un terme dérivé de lémures, des esprits maléfiques qui, dans la mythologie des anciens Romains, errent la nuit en terrorisant les hommes. Le nom est resté pour désigner ces parents des singes, même si beaucoup ont des habitudes diurnes et sont absolument inoffensifs.

1. VARI ROUX *(Varecia rubra)* CR

Il se reconnaît instantanément à son pelage fauve sur les parties supérieures et noir sur les parties inférieures. La queue, très touffue et plus longue que le corps, est également noire, tout comme les mains et les pieds. La face noire contraste avec deux demi-cercles de poil fauve sur les oreilles et une tache blanche sur la nuque. Étroitement lié à la forêt, le vari roux se tient de préférence dans la canopée. Actif le jour, il se nourrit de fruits, nectar et pollen. Il s'agit du seul lémurien qui donne naissance à plusieurs petits, généralement deux ou trois, parfois jusqu'à six ; voilà pourquoi la mère ne les porte pas agrippés à son corps, mais les laisse dans un nid de feuilles garni de poils.

Taille : 50 cm ; queue de 60 cm **Poids :** 3 à 4 kg

Aire de répartition : endémique de Madagascar

Il passe beaucoup de temps à nettoyer son épaisse fourrure soyeuse.

2. INDRI *(Indri indri)* CR

Spécimen de grande taille à la queue très courte, contrairement à la plupart des lémuriens. Il possède un pelage noir ou brun et blanc ; la face, nue, les mains et les pieds sont toujours noirs, de même que les oreilles, rondes et poilues. L'indri fréquente les forêts du littoral et de montagne, se tenant de préférence dans les arbres et se déplaçant avec agilité de branche en branche par de grands sauts grâce à l'élan imprimé par ses longs membres postérieurs. Il vit en petites cellules familiales comprenant un couple et sa progéniture, y compris des années précédentes. Les groupes sont territoriaux et chaque matin, ils signalent leur présence par des « chants » pouvant durer jusqu'à trois minutes.

Taille : 62 à 74 cm ; queue de 3 à 4 cm **Poids :** 6 à 9,5 kg

Aire de répartition : endémique de Madagascar

Sacré chez certaines populations de Madagascar qui le considèrent comme l'ancêtre de l'homme.

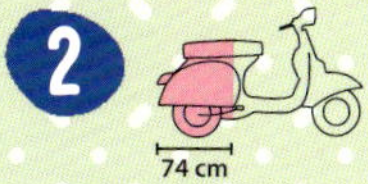

3. SIFAKA

(Propithecus verreauxi) **EN**

L'épais pelage soyeux est blanc à taches brunes sur les flancs, le sommet du crâne et les membres ; la face, nue, est noire, tout comme les mains et les pieds. La queue est aussi longue que le corps. Le sifaka fréquente la forêt et est actif le jour. Très agile, il passe de branche en branche par des sauts pouvant atteindre 10 mètres. Il se nourrit de feuilles, écorces et fleurs, et la nuit il dort bien caché au cœur du feuillage. Il vit en groupe peu nombreux où les femelles, comme pour beaucoup d'espèces de lémuriens, jouent un rôle dominant. Au sol il se déplace d'une façon très caractéristique, par petits bonds de côté avec les bras en l'air, comme une sorte de danse.

Taille : 45 à 55 cm ; queue de 43 à 56 cm

Poids : 3 à 7 kg

Aire de répartition : endémique de Madagascar

Les yeux ronds et jaunes ressortent nettement sur la face noire.

Bleus chez les juvéniles, les yeux deviennent jaune orangé chez les adultes.

4. AYE-AYE

(Daubentonia madagascariensis) **EN**

Lémurien aux habitudes nocturnes, qui se tient de préférence à la cime des arbres et qui dort le jour dans un nid de feuilles et de branchages. Il revêt un aspect très particulier avec son épaisse fourrure hirsute, brun foncé ou noire, et sa longue queue touffue. La face est grise, avec le nez rose, de gros yeux à l'iris orangé et de grandes oreilles nues, triangulaires, qui l'aident à localiser les moindres bruits. Sa principale caractéristique consiste en un troisième doigt de la main long et fin comme une baguette. L'aye-aye s'en sert pour chercher les larves des insectes qui vivent dans les arbres ; il tapote les branches et si ça sonne creux, il ouvre une brèche avec ses grandes incisives de rongeur avant d'extraire la larve avec le doigt.

Taille : 36 à 44 cm ; queue de 56 à 61 cm

Poids : 2 à 2,7 kg

Aire de répartition : endémique de Madagascar

Le long doigt souple sert aussi à extraire la pulpe des fruits.

5. MAKI CATTA *(Lemur catta)* EN

Lémurien parmi les moins liés aux arbres, le maki catta est également répandu dans des milieux arides et broussailleux. Son pelage est gris dessus et blanc dessous ; le museau allongé offre un motif caractéristique avec la face blanche, le nez noir et deux cercles noirs autour des yeux ; le sommet du crâne est lui aussi noir. Plus longue que le corps, la queue présente 26 anneaux alternativement blancs et noirs. Omnivore, le maki catta se nourrit de feuilles, fleurs, nectar, fruits et sève, ainsi que d'insectes, œufs, caméléons et petits oiseaux. Il vit en groupes nombreux sous la direction d'une femelle et selon des hiérarchies très strictes où les femelles dominent les mâles.

Taille : 39 à 46 cm ; queue de 56 à 63 cm **Poids :** 2,5 à 3,5 kg

Aire de répartition : endémique de Madagascar

ASIE

ENTRE JUNGLES ET MARÉCAGES DE LA PÉNINSULE INDIENNE

TIGRE DU BENGALE
(Panthera tigris tigris)

La péninsule Indienne offre une vaste mosaïque d'habitats divers allant de la jungle épaisse aux steppes et aux déserts proprement dits, des immenses roselières aux impénétrables forêts de mangroves occupant les deltas marécageux des grands fleuves. Cette variété de milieux abrite une faune extrêmement riche qui comprend plusieurs centaines d'espèces de mammifères, mais qui doit composer avec la présence d'une population humaine dépassant désormais le milliard d'individus. Beaucoup d'espèces ne se rencontrent aujourd'hui que dans les zones protégées, tandis que d'autres vivent en contact étroit avec l'homme. Forêts et marécages comptent encore de nombreuses espèces de singes, cerfs, antilopes et buffles, l'éléphant d'Asie et le rhinocéros indien, ainsi que de nombreux mammifères plus petits ; parmi les prédateurs, hyènes et léopards s'ajoutent aux loups, la place d'honneur revenant au tigre (illustration, en train d'attaquer un cerf axis).

1. NOIRE COMME LA NUIT

Dans la réalité, la panthère noire n'existe pas en tant qu'espèce. Le terme *Panthera* compose le nom scientifique de plusieurs grands félins, du lion (*Panthera leo*) au tigre (*Panthera tigris*), en passant par le jaguar (*Panthera onca*) et le léopard (*Panthera pardus*). Chez ces deux derniers spécimens, une mutation génétique peut entraîner une augmentation du pigment noir qui finit par occulter les taches (phénomène du mélanisme).

NOIRS DÈS LA NAISSANCE

Des petits léopards mélaniques (à pelage noir) peuvent aussi être issus de parents à pelage normal, tandis que deux parents mélaniques auront toujours une progéniture mélanique.

FORME MÉLANIQUE DU LÉOPARD *(Panthera pardus)*

Chez le léopard, le mélanisme est assez fréquent et concernerait environ 10 % des individus, selon les estimations. Dans la nature, des léopards mélaniques ont été observés en Afrique, mais surtout en Inde et en Asie du Sud-Est ; ils sont particulièrement courants dans les épaisses forêts tropicales où avec le manque de lumière, un animal noir se fond mieux dans son environnement et s'avère donc avantagé pour chasser. Les « panthères » noires sont par ailleurs nombreuses dans les zoos, car leur apparence mystérieuse fascine les visiteurs.

AUTRES FORÊTS, AUTRES PELAGES

Vivant sur le continent américain, le jaguar peut lui aussi être atteint de mélanisme. Selon les zoologistes, ce phénomène concernerait environ 6 % de la population globale de l'espèce. La coloration noire est souvent moins intense et les taches du pelage typique demeurent visibles.

2. TIGRE DU BENGALE *(Panthera tigris tigris)* EN

Répandu dans une grande partie de l'Asie, le tigre *(Panthera tigris)* comprend plusieurs sous-espèces : celle présente dans la péninsule Indienne est le tigre du Bengale, appelé aussi tigre royal. De grande taille, il a un pelage jaune orangé à fines rayures serrées noires ou brun foncé réparties sur tout le corps, hormis la gorge et le ventre qui sont blancs ; des plages blanches se relèvent également sur la face et les oreilles. Cette livrée peut sembler très voyante, mais elle contribue à camoufler l'animal dans les roseaux et les hautes herbes et dans le jeu d'ombre et de lumière de la forêt. Le tigre mène une existence solitaire et chasse de préférence à l'affût, en capturant surtout de gros herbivores et des sangliers.

Taille : mâle, 185 à 210 cm ; femelle, 150 à 165 cm ; queue de 90 à 100 cm

Poids : mâle, 180 à 258 kg ; femelle, 100 à 160 kg

Aire de répartition : péninsule Indienne

2

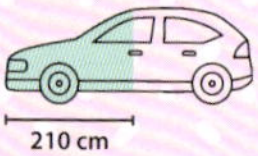

Il peut parcourir plusieurs kilomètres à la nage et accomplir des sauts de 8 à 10 mètres.

La mère transporte son petit agrippé au ventre, même quand elle chasse.

3. GRAND FAUX VAMPIRE *(Megaderma lyra)*

Chauve-souris de taille moyenne, gris-brun dessus et gris clair dessous. Les grandes oreilles ovales se rejoignent à la base et la feuille nasale (appendice nasal qui sert à focaliser les ultrasons produits) est proéminente et arrondie. Cet animal passe la journée dans des cavernes, édifices, arbres creux, puits, et part chasser après le coucher du soleil, en volant silencieusement au ras du sol pour capturer gros insectes et araignées, mais aussi lézards, petits oiseaux et souris ou bien d'autres chauves-souris.

Taille : 6,50 à 9,50 cm **Poids :** 40 à 60 g

Aire de répartition : Inde et Asie du Sud-Est

4. MACAQUE À BONNET

(Macaca radiata)

Il doit son nom à la présence de deux touffes de poils recouvrant le sommet du crâne comme un drôle de couvre-chef. Le pelage est gris-brun ; la face nue et ridée est marron chez les mâles et rose chez les femelles, avec des oreilles proéminentes et triangulaires. Le macaque à bonnet vit en groupes très nombreux et est actif le jour tant au sol que dans les arbres, où il se réfugie pour se reposer. Outre les forêts, il se rencontre aussi très fréquemment autour des centres habités où il cherche à manger dans les poubelles de déchets de repas humains et fait des razzias dans les jardins et les maisons. Il est souvent présent dans les temples, où il reçoit de la nourriture des visiteurs ou bien profite des offrandes aux divinités. Les populations qui vivent dans les forêts consomment en revanche des fruits, des feuilles et des insectes.

Taille : 35 à 60 cm ; queue de 35 à 68 cm

Poids : mâle, 5,5 à 9 kg ; femelle, 3,5 à 4,5 kg

Aire de répartition : Inde du Sud

Il attaque parfois les humains pour obtenir de la nourriture.

5. HOULOCK OCCIDENTAL

(Hoolock hoolock) **EN**

Singe anthropomorphe présent dans les forêts d'une petite région de la péninsule Indienne. Les mâles sont noirs et les femelles, brunes ; les deux sexes offrent une barre blanche caractéristique au-dessus des yeux. Les membres antérieurs sont très longs et servent à se déplacer en s'accrochant aux branches, selon une technique appelée brachiation. Cette espèce est monogame : mâle et femelle vivent ensemble et collaborent pour élever le petit, qui reste avec ses parents jusqu'à ce qu'il devienne adulte. Chaque couple défend un territoire, en signalant sa présence par des chants retentissants émis en duo par les deux membres.

Taille : 60 à 90 cm **Poids :** 6 à 9 kg

Aire de répartition : Inde de l'Est

5

En se déplaçant de branche en branche à la force de ses bras, il peut atteindre 56 km/h.

6

Les yeux entourés de noir ressortent sur la face blanche.

6. LORIS MINCE GRIS

(Loris lydekkerianus) **NT**

Ce primate revêt une apparence particulière. Sans queue, il possède de longs membres très fins, avec de petites mains et de grands pieds. Les yeux, très gros, sont typiques d'un animal nocturne. Il fréquente les forêts et passe la plupart de son temps dans les arbres. La nuit, chaque loris chasse pour son propre compte, se déplaçant dans les branches avec des mouvements très lents et silencieux pour capturer des insectes, (fourmis, termites), des araignées et d'autres invertébrés. Le jour, les loris dorment blottis les uns contre les autres, à l'abri dans les denses frondaisons.

Taille : 22 à 25 cm **Poids :** 180 à 290 g

Aire de répartition : Inde du Sud

7. GAUR *(Bos frontalis)* VU

Bovin sauvage imposant et massif à la robe luisante, brun-roux ou brun-noir, avec des « guêtres » (bas des pattes) blanches. Les deux sexes portent des cornes en croissant qui peuvent atteindre 1 mètre d'envergure. Plus gros et massifs que les femelles, les mâles offrent une sorte de crête sur le dos et un fanon prononcé sous la gorge. Le gaur vit en groupes comprenant un mâle adulte et plusieurs femelles avec leurs veaux ; le matin, ils gagnent les clairières pour pâturer et retournent le soir au cœur de la forêt pour passer la nuit à l'abri.

Taille : 250 à 330 cm ; queue de 70 à 105 cm **Poids :** 650 à 1 000 kg

Aire de répartition : Inde, Indochine, Malaisie

La femelle la plus âgée mène le groupe au pâturage, tandis que le mâle joue un rôle défensif.

8. BUFFLE INDIEN *(Bubalus arnee)* EN

Également appelé buffle d'eau ou arni, le buffle indien est un bovin sauvage de grande taille ; plus gros que les femelles, les mâles adultes sont parmi les plus grands bovins au monde. Aplaties et orientées vers l'extérieur, ses cornes peuvent atteindre 2 mètres d'envergure. Il passe la plupart de son temps complètement immergé dans l'eau ou la boue pour se protéger de la chaleur et des insectes, sortant pâturer aux heures les plus fraîches. Il forme des troupeaux nombreux de femelles avec leurs veaux ; les jeunes mâles se rassemblent en groupes distincts et les vieux mâles sont souvent solitaires. Il s'agit de l'ancêtre du buffle domestique.

Taille : 240 à 300 cm ; queue de 60 à 100 cm **Poids :** 600 à 1 200 kg

Aire de répartition : Inde et Asie du Sud-Est

9

210 cm

Le nom scientifique signifie « cerf-bœuf bouc-chameau » et donne une idée de son aspect qui semble combiner des animaux différents.

9. NILGAUT *(Boselaphus tragocamelus)*

Grande antilope à l'aspect singulier, avec un corps massif, mais une petite tête et des pattes assez fines, les antérieures plus longues étant à l'origine de l'inclinaison du dos. Les mâles ont un pelage gris-bleu, d'où le nom d'antilope bleue donné aussi à cet animal ; les femelles ont une robe brun jaunâtre. Une courte crinière droite s'étire de la nuque aux épaules et la gorge est blanche ; sous la tache gulaire, les mâles possèdent une touffe de poils pendante mesurant 10 à 15 centimètres. Le nilgaut affectionne les prairies ouvertes avec des buissons et des arbres épars ; femelles et jeunes forment généralement des troupeaux distincts de ceux des mâles.

Taille : 170 à 210 cm ; queue de 50 cm

Poids : mâle, 109 à 288 kg ; femelle, 100 à 213 kg

Aire de répartition : péninsule Indienne

10. ANTILOPE CERVICAPRE *(Antilope cervicapra)* NT

L'antilope cervicapre possède un corps élancé et de longues pattes fines. Le mâle revêt un pelage brun, qui devient presque noir avec l'âge sur les parties supérieures et blanc sur les parties inférieures ; le bout du museau est blanc, tout comme le contour des yeux. La femelle offre un motif comparable, mais une coloration jaunâtre ou fauve clair. Seuls les mâles portent des cornes « en tire-bouchon » qui peuvent mesurer jusqu'à 70 centimètres de long. Cet animal vit en groupes comprenant parfois une cinquantaine d'individus et rassemblés autour d'un mâle dominant. Rapide et résistant, il peut atteindre une vitesse de 80 km/h.

Taille : 100 à 150 cm ; queue de 22 cm
Poids : mâle, 30 à 60 kg ; femelle, 20 à 33 kg
Aire de répartition : Inde et Pakistan

Quand un prédateur est repéré, elle donne l'alerte en sautant à la verticale, pattes tendues.

11. MANGOUSTE INDIENNE GRISE *(Herpestes Edwardsii)* NT

Petit carnivore au corps allongé, avec des pattes courtes et une longue queue, qui peuple surtout les régions arides et ouvertes, avec des buissons ou des arbres épars. Ce chasseur solitaire capture des proies très diverses : souris, lézards, oiseaux, insectes, scorpions, et se nourrit également d'œufs, de fruits, de baies et de racines. La mangouste grise indienne est surtout connue pour son habileté contre les serpents, y compris les gros et très venimeux cobras. Extrêmement agile, elle réussit à esquiver les morsures et ne cesse d'attaquer jusqu'à ce que le serpent soit trop fatigué pour réagir et succombe à de rapides morsures sur sa tête.

Taille : 38 à 46 cm ; queue de 35 cm **Poids :** 1 à 4 kg
Aire de répartition : de l'Arabie à l'Inde

11

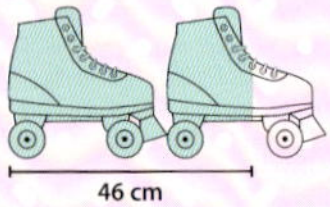

Elle est aussi domestiquée et gardée dans les maisons pour éliminer souris et serpents.

12. CERF AXIS *(Axis axis)*

Appelé aussi chital, cet ongulé de taille moyenne revêt une robe fauve semée de taches blanches ; caractéristique des petits de nombreux membres de la famille des cervidés, cette coloration ne disparaît pas avec la croissance chez le cerf axis, qui la conserve toute sa vie. Les mâles possèdent des cornes qui peuvent mesurer presque 1 mètre d'envergure et repoussent chaque année. Ces animaux forment généralement des groupes comptant plusieurs dizaines d'individus qui pâturent dans les clairières et qui se réfugient la nuit au cœur de la végétation.

Taille : 100 à 150 cm ; queue de 15 à 20 cm

Poids : mâle, 30 à 85 kg ; femelle, 25 à 45 kg

Aire de répartition : péninsule Indienne

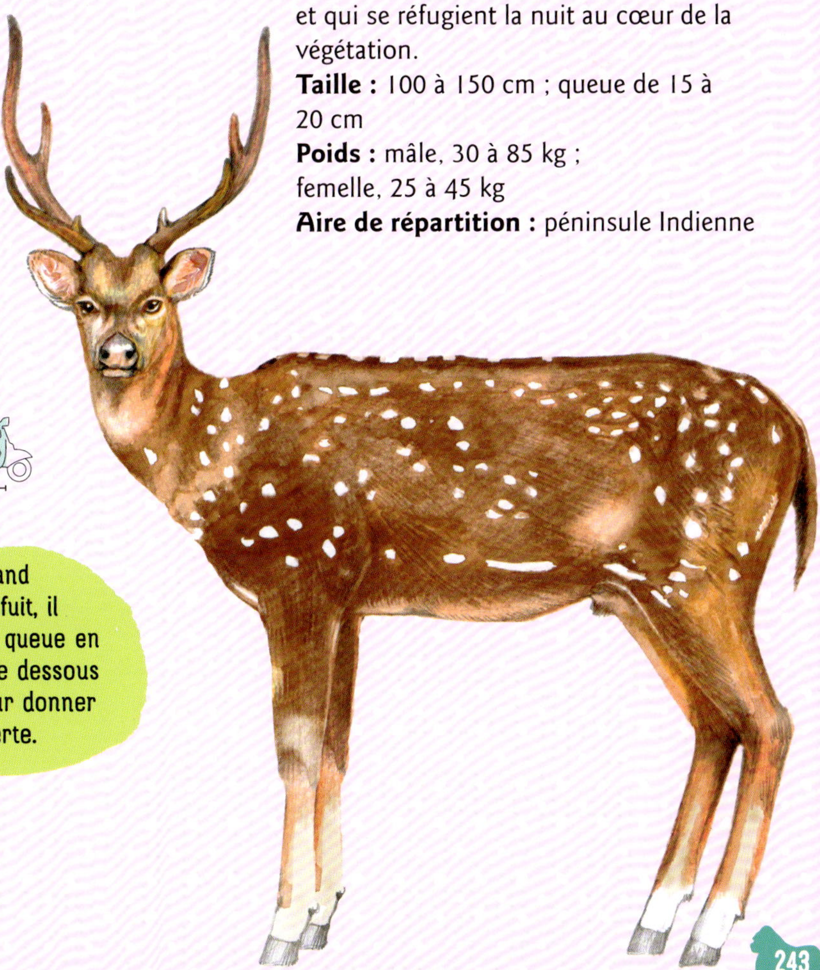

12

Quand il s'enfuit, il dresse sa queue en révélant le dessous blanc pour donner l'alerte.

DANS LE CŒUR SAUVAGE DU CONTINENT

De la grande chaîne de l'Himalaya, qui comporte les plus hauts sommets du globe, à la Sibérie s'étend un vaste territoire peu peuplé au climat rude, avec des hivers glaciaux. Du sud au nord se succèdent les plateaux et montagnes du Tibet, les immenses plaines et les déserts de Mongolie, et les collines de Sibérie tapissées de forêts où la saison froide dure de nombreux mois. Chacun de ces milieux abrite une faune spécifique et spectaculaire : de la panthère des neiges (illustration) qui chasse les chèvres sauvages sur les versants rocheux au chameau de Bactriane, en passant par le tigre de Sibérie et le saïga, une antilope au singulier nez en trompe, sans oublier le rarissime panda géant et son petit « cousin » coloré, le panda roux.

PANDA GÉANT
(Ailuropoda melanoleuca)

1. YAK *(Bos grunniens)* VU

Bovin adapté à la vie dans des milieux de haute altitude au climat rigoureux. Son long pelage extrêmement fourni est noir ou brun très foncé. Les deux sexes portent des cornes, celles des mâles pouvant atteindre presque 1 mètre d'envergure. La queue, épaisse, rappelle celle des chevaux. Le yak gravit aisément les pentes les plus abruptes et court vite. Le Tibet abrite aussi couramment une forme domestique, plus petite et au pelage de diverse couleur, qui sert à transporter de lourdes charges sur les versants les plus raides. Le yak fournit cuir, viande et lait, tandis que ses bouses séchées constituent un précieux combustible quand les arbres sont rares.

Taille : 250 à 330 cm ; queue de 60 cm
Poids : 305 à 820 kg
Aire de répartition : plateau tibétain

Son
épais pelage lui
permet de supporter
des températures
de -40 °C.

2

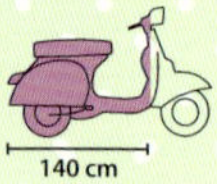

Les combats entre mâles sont très violents et souvent mortels.

2. SAÏGA *(Saiga tatarica)* CR

Antilope à l'apparence incomparable, possédant une grosse tête au grand nez arqué recouvrant la bouche et des narines dirigées vers le sol, une conformation servant probablement à filtrer la poussière et à réchauffer l'air hivernal avant qu'il n'atteigne les poumons. Le corps est robuste, avec des pattes fines et une courte queue ; le pelage est jaune-roux, avec le ventre plus clair l'été, bien plus long et fourni, gris terne, l'hiver. Seuls les mâles portent des cornes de couleur crème mesurant une trentaine de centimètres de long. L'espèce connaît un déclin rapide en raison du braconnage visant surtout les cornes utilisées en médecine traditionnelle.
Taille : 100 à 140 cm ; queue de 6 à 13 cm **Poids :** 26 à 69 kg
Aire de répartition : Asie centrale

En cas de danger, il se fige en misant sur la couleur de sa robe pour se fondre avec les rochers.

4

3. CHIRU *(Pantholops hodgsonii)* EN

Le chiru, ou antilope du Tibet, fréquente les prairies de haute altitude où femelles et jeunes forment des groupes nombreux, tandis que les mâles adultes mènent une existence solitaire, rejoignant les groupes à la période de reproduction ou bien l'hiver, dans les pâturages libérés par la neige. La robe est crème, avec la face brun foncé et des plages de la même couleur sur les pattes ; seuls les mâles portent des cornes droites, longues et fines, qui peuvent atteindre 70 centimètres de long. Soyeux et extrêmement chaud, le sous-poil laineux (chatooch) sert à confectionner des châles très prisés et coûteux ; il est prélevé uniquement sur des animaux morts, raison pour laquelle plusieurs milliers de chirus sont tués chaque année par les braconniers.
Taille : 120 à 130 cm ; queue de 18 à 30 cm
Poids : 26 à 40 kg **Aire de répartition :** plateau tibétain

3

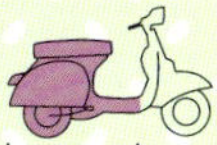

Il se repose dans une dépression creusée dans le sol pour s'abriter du vent.

4. GRAND BHARAL *(Pseudois nayaur)*

Le bharal est également appelé mouton bleu en raison de la couleur gris-brun ou gris ardoise de sa robe, avec des plages noires sur la poitrine et les pattes, et une raie foncée séparant les flancs du ventre blanc. Les mâles adultes possèdent de grandes cornes mesurant jusqu'à 80 centimètres de long, qui s'étirent sur le côté en s'incurvant avant de se redresser, à l'image de grandes moustaches en guidon ; celles des femelles sont plus courtes et droites. Cet animal pâture sur les abruptes pentes herbeuses au pied des rochers, où il se réfugie promptement à la moindre alerte.
Taille : 115 à 165 cm ; queue de 10 à 20 cm **Poids :** 35 à 75 kg
Aire de répartition : plateau tibétain

Le plus grand des ânes sauvages.

5. KIANG *(Equus kiang)*

Âne sauvage possédant une grosse tête convexe, avec des oreilles plutôt courtes, et une queue fournie comparable à celle des chevaux. La robe est bicolore, noisette sur les parties supérieures et blanche sur le ventre et le bout du museau ; l'hiver, le poil est plus dru et plus brun. Le kiang offre une raie dorsale brune et une courte crinière droite. Il fréquente les steppes arides et peut monter jusqu'à 7 000 mètres d'altitude. Femelles et jeunes forment des groupes familiaux menés par une ânesse âgée ; les mâles adultes sont pour la plupart solitaires et défendent un territoire.

Taille : 184 à 214 cm ; queue de 32 à 45 cm

Poids : mâle, 350 à 400 kg ; femelle, 250 à 300 kg

Aire de répartition : plateau tibétain

La crinière ne descend pas sur les côtés de l'encolure, mais est courte et dressée.

6. CHEVAL DE PRZEWALSKI *(Equus ferus przewalskii)* EN

Unique espèce de cheval sauvage existant à l'heure actuelle. Considéré comme éteint au milieu du siècle dernier, le cheval de Przewalski a été réintroduit à partir de quelques rares exemplaires vivant dans les zoos et est aujourd'hui présent en Mongolie à raison de quelques centaines d'individus seulement. Comparé au cheval domestique, il possède un corps plus trapu et robuste, des pattes plus courtes, une encolure courte et une grosse tête ; la robe revêt une seule couleur, brun-roux, avec la queue et la crinière noires. Selon la plupart de zoologistes, il ne s'agit pas de l'ancêtre du cheval domestique (*Equus ferus caballus*) mais d'une sous-espèce dénommée *Equus ferus przewalskii*.

Taille : 180 à 220 cm ; queue de 90 cm **Poids :** 200 à 300 kg

Aire de répartition : Mongolie

7. CHAMEAU DE BACTRIANE *(Camelus bactrianus)* CR

Caractérisé par ses deux bosses sur le dos, le chameau de Bactriane est élevé dans de nombreux pays asiatiques pour transporter des marchandises et pour sa viande, son lait, son cuir et sa laine. Des populations sauvages vivent désormais uniquement dans les déserts de Gobie (Mongolie) et du Xinjiang (Chine). Le pelage est brun plus ou moins foncé, avec des poils plus longs et fournis sur la tête, le cou et les pattes antérieures. Les deux grosses bosses sur le dos sont des réserves de graisse ; fermes et dressées chez l'animal en bonne santé, elles deviennent flasques et pendent sur le côté chez un individu malade.

Taille : 225 à 345 cm ; queue de 35 à 55 cm **Poids :** 300 à 690 kg

Aire de répartition : Mongolie et Chine occidentale

7

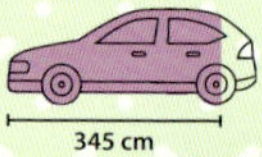

Il peut boire jusqu'à 57 litres d'eau d'une traite pour reconstituer sa réserve de liquide.

8. TAKIN *(Budorcas taxicolor)* VU

Ce gros herbivore revêt un aspect particulier avec son corps massif recouvert d'un pelage dense, ses pattes plutôt courtes et sa tête proportionnellement petite, munie de cornes chez les deux sexes. Il fréquente les prairies de haute altitude, qu'il quitte seulement l'hiver pour gagner le fond des vallées riches en végétation. L'été, il forme des troupeaux nombreux comptant parfois des centaines d'individus qui, à la saison froide, se divisent en groupes plus réduits. Il se nourrit d'herbes, feuilles d'arbres et arbustes, se contentant de feuillage persistant et de rameaux quand la neige tapisse le sol.

Taille : 170 à 220 cm ; queue de 15 cm

Poids : 150 à 400 kg

Aire de répartition : du Tibet à la Chine du Sud

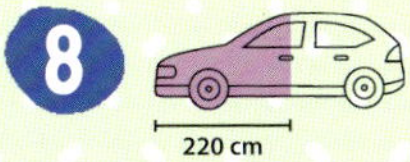

Il accomplit de longs déplacements en quête d'affleurements de sel.

9. PANDA GÉANT *(Ailuropoda melanoleuca)* VU

Incomparable avec son pelage blanc sur la majeure partie du corps et noir sur les pattes et les épaules, le panda géant a les oreilles elles aussi noires et ses yeux entourés de noir lui donnent un air à la fois comique et mélancolique. De la même famille que les ours, il offre plusieurs caractéristiques très spécifiques. En effet, tout en ayant des dents et un appareil digestif de carnivore, il se nourrit presque exclusivement de bambou : un régime alimentaire pauvre qui l'oblige à consacrer beaucoup de temps à se nourrir. Par ailleurs, dans la mesure où les différentes espèces de bambous poussent à divers moments de l'année, il doit se déplacer souvent pour se procurer de quoi manger.

Taille : 120 à 190 cm **Poids :** 70 à 160 kg **Aire de répartition :** Chine centrale

Il consomme chaque jour plus de 10 kilos de feuilles et de pousses de bambou.

UNE MÈRE AFFECTUEUSE

Le panda géant est un animal solitaire. Mâles et femelles ne restent ensemble que quelques jours pour s'accoupler, puis la femelle se charge seule d'élever son petit. Ce dernier est allaité pendant plus de six mois et demeure deux ans avec sa mère, qui lui apprend à se nourrir de bambou. Très étroitement liés, la mère et son petit jouent souvent ensemble.

UN POUCE QUI N'EST PAS UN DOIGT

Le panda géant a cinq doigts munis de griffes acérées. Mais sa patte antérieure offre un « faux pouce » qui est en réalité un os du poignet modifié. Avec ce « sixième doigt », la patte devient presque une main et le panda parvient à saisir les tiges de bambou et à les tenir fermement pour les ronger et atteindre l'intérieur tendre et comestible.

UN LOGO CONNU DANS LE MONDE ENTIER

Quand le WWF (Fonds mondial pour la nature) fut créé en 1961 pour protéger les animaux sauvages et leurs habitats, le panda géant fut choisi comme logo à la fois parce que cette espèce était particulièrement menacée et qu'elle frappait l'imagination avec son pelage noir et blanc et son irrésistible air attendrissant. Depuis lors, le panda géant est devenu l'emblème universel des luttes pour la protection de l'environnement.

10

Habile grimpeur, il descend des arbres la tête la première.

10. PANDA ROUX *(Ailurus fulgens)* VU

Même s'il appartient à l'ordre des carnivores, le panda roux se nourrit de substances végétales. Son pelage très coloré est brun rougeâtre dessus et noir sur le ventre et les pattes, avec une queue touffue alternant des anneaux roux et chamois ; le museau est blanc, avec deux marques brunes sous les yeux, et les oreilles, pointues et poilues, sont elles aussi blanches. Cette espèce fréquente les forêts tempérées à l'épais sous-bois de bambous, les feuilles de ces derniers constituant l'essentiel de sa nourriture. Solitaire et actif la nuit, le panda roux dort le jour dans le creux d'un arbre ; à son réveil, il passe beaucoup de temps à nettoyer sa fourrure et à se laver le museau avant de quitter son refuge.

Taille : 56 à 62 cm ; queue de 37 à 47 cm
Poids : 3,7 à 6,2 kg
Aire de répartition : Himalaya et Chine du Sud

Les petits naissent dans une tanière garnie d'un douillet matelas de poils que leur mère s'arrache du ventre.

11. ZIBELLINE *(Martes zibellina)*

Petit carnivore de la famille des mustélidés, comme la martre et l'hermine. Sa fourrure épaisse, surtout l'hiver, varie du marron jaunâtre au brun foncé ; la face est souvent plus claire et les oreilles, triangulaires, offrent un liseré clair. La zibeline fréquente les forêts de conifères et est active le jour. Cet agile grimpeur chasse petits rongeurs, écureuils, oiseaux. Son pelage particulièrement soyeux et brillant a fait l'objet durant des siècles d'une convoitise qui a conduit l'animal au bord de l'extinction. Il est aujourd'hui élevé en Russie et les populations sauvages ne sont plus menacées.

Taille : 35 à 56 cm ; queue de 7 à 12 cm **Poids :** 700 à 1 800 g

Aire de répartition : Asie du Nord-Est

11

Elle met parfois ses proies en réserve pour les périodes de mauvais temps.

12

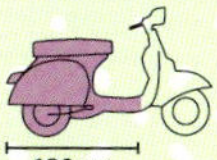

12. PANTHÈRE DES NEIGES

(Panthera uncia) **EN**

Félin de taille moyenne, avec la tête relativement petite, des oreilles courtes et arrondies, et une longue queue ; la fourrure est très fournie, surtout l'hiver, et la teinte de fond, jaunâtre à grise, avec des taches gris-noir et des rosettes circulaires sur le dos et les flancs. La panthère des neiges fréquente les versants les plus hauts des montagnes, et gagne des altitudes légèrement inférieures à la saison froide. Ce chasseur solitaire peut capturer des animaux de la taille d'un yak, mais aussi de petits rongeurs (marmottes, souris) ; le bharal constitue cependant sa victime la plus courante.

Taille : 100 à 130 cm ; queue de 80 à 100 cm **Poids :** 25 à 75 kg

Aire de répartition : Asie centrale

13. TIGRE DE SIBÉRIE *(Panthera tigris altaica)* CR

Cette sous-espèce de tigre ne vit que dans les forêts d'une petite région de la Sibérie, à la frontière entre la Russie et la Chine, et sa population se réduit désormais à quelques centaines d'individus seulement. Très semblable au tigre du Bengale par son apparence et sa taille, la principale différence réside dans la coloration du pelage, un peu plus clair et avec des rayures brun foncé au lieu de noires. L'hiver, la fourrure devient plus fournie et s'éclaircit souvent pour mieux supporter le climat très rigoureux.

Taille : mâle, 178 à 208 cm ; femelle, 167 à 182 cm ; queue de 88 à 101 cm

Poids : mâle, 180 à 306 kg ; femelle, 100 à 187 kg

Aire de répartition : Sibérie orientale

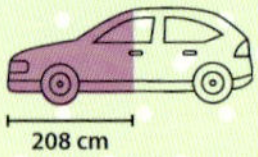

Le tigre de Sibérie est l'animal emblématique de la Corée du Sud.

14. HAMSTER DE ROBOROVSKI *(Phodopus roborovskii)*

Ce minuscule hamster vit dans les régions désertiques aux arbustes épars et au sol sableux, où il creuse des galeries ramifiées conduisant à un nid d'herbes sèches et à diverses chambres où il accumule des provisions de nourriture pour l'hiver. Son pelage est de couleur sable dessus et blanc dessous ; les oreilles sont très petites et de menues taches blanches surmontent ses yeux. Il possède de grandes abajoues dans lesquelles il transporte graines et herbes jusqu'à son terrier. Nocturne et toujours en mouvement, il peut parcourir jusqu'à 40 kilomètres en une nuit !
Taille : 5,30 à 8,10 cm ; queue de 0,70 à 1,10 cm **Poids :** 17,5 à 27 g
Aire de répartition : Mongolie et Chine du Nord

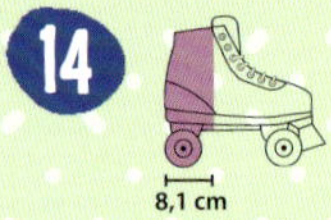

Il prend souvent des bains de sable pour maintenir son poil propre et brillant.

15. RENARD CORSAC *(Vulpes corsac)*

Appelé aussi renard des steppes, il ressemble au renard roux mais est un peu plus petit, avec des pattes plus robustes et des oreilles plus grandes et pointues. L'épaisse et soyeuse fourrure est grise ou jaunâtre, plus claire sur les parties inférieures, le menton et la gorge. Cette espèce fréquente des steppes herbeuses et des semi-déserts, évitant les zones où la végétation abonde et la proximité des habitats humains. Les couples sont monogames et le mâle participe à l'éducation des petits. Actif la nuit, le renard corsac capture surtout de petits rongeurs comme des campagnols et des hamsters, mais il se nourrit aussi d'insectes et de baies.
Taille : 45 à 65 cm ; queue de 19 à 35 cm
Poids : 1,6 à 3,2 kg **Aire de répartition :** Asie centrale

Il cache parfois ses proies pour les consommer plus tard.

16. CHAT DE PALLAS *(Otocolobus manul)* NT

Félin de la taille d'un gros chat, mais à l'aspect très particulier. La tête est ronde, avec un museau court, un front haut, des oreilles poilues placées bas sur la tête et de longues vibrisses blanches. Les pattes sont courtes et la fourrure est très longue et dense, grisâtre ou rousse, avec de fines rayures foncées sur le dos et les pattes antérieures ; la queue est touffue, avec des anneaux sombres et une extrémité noire. Le chat de Pallas fréquente des reliefs et des steppes rocheuses ; solitaire et nocturne, il se repose le jour dans des failles de rochers ou des tanières abandonnées, et entre en action au crépuscule, chassant de petits rongeurs.

Taille : 50 à 60 cm ; queue de 21 à 31 cm

Poids : 2 à 5 kg

Aire de répartition : Asie centrale

16

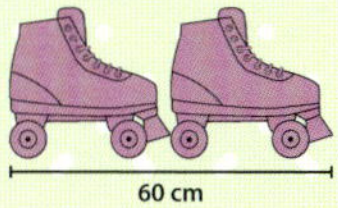

Peu rapide, il préfère se cacher dans les rochers en cas de danger.

17. HÉRISSON OREILLARD *(Hemiechinus auritus)*

Comme son nom l'indique, ce petit hérisson se caractérise par ses oreilles, très grandes et triangulaires. Il s'agit d'une adaptation à la vie dans des déserts et des steppes arides ; des oreilles aussi développées contribuent à disperser la chaleur corporelle, en plus d'aiguiser l'ouïe. Le jour, l'animal se tient dans un terrier généralement situé à la base d'un buisson. La nuit, il sort en quête d'insectes, de fruits, d'œufs d'oiseaux, voire de lézards et de petits serpents. Solitaire, il peut parcourir jusqu'à une dizaine de kilomètres en une nuit pour trouver de quoi manger. Menacé par un prédateur, il peut se rouler en boule en hérissant ses piquants, mais il préfère d'ordinaire se sauver rapidement.

Taille : 12 à 27 cm ; queue de 5 à 10 cm **Poids :** 250 à 400 g

Aire de répartition : de l'Égypte à la Chine

17

Le nouveau-né n'a que quelques piquants mous ; la protection devient complète au bout de deux semaines.

DANS LE MYSTÉRIEUX UNIVERS DES FORÊTS TROPICALES

À l'ouest de la péninsule Indienne et au sud de la Chine, le continent asiatique se prolonge par un arc de terres et de grandes îles qui séparent l'océan Indien de l'océan Pacifique. Le climat chaud et humide, avec des pluies abondantes, favorise le développement de vastes forêts tropicales abritant une faune riche et variée. Parmi les nombreuses espèces de singes, citons le nasique au drôle de nez en trompe et trois espèces différentes d'orangs-outans (les seuls singes anthropomorphes présents en dehors de l'Afrique), dont l'orang-outan de Bornéo (illustration). S'y ajoutent trois rhinocéros, des tapirs et de mystérieux félins, telle la panthère nébuleuse, sans oublier des centaines d'espèces plus petites et moins voyantes. Malheureusement ces forêts sont de plus en plus envahies par l'homme en quête de bois précieux ou de terres pour accueillir d'immenses plantations, et beaucoup d'espèces animales qui y vivent sont désormais sérieusement menacées d'extinction.

TARSIER SPECTRE

(Tarsius tarsier)

1. ORANG-OUTAN DE BORNÉO *(Pongo pygmaeus)* EN

Grand singe anthropomorphe aux très longs bras et au pelage rouille orangé, peu fourni sauf sur les épaules et le dos où il forme une sorte de cape. La face est nue, avec la peau grise, et les deux sexes présentent sous la gorge une poche, bien plus grande chez les mâles adultes, qui fait office de caisse de résonance pour amplifier les cris. Contrairement aux gorilles et aux chimpanzés qui passent la majeure partie de leur temps au sol, l'orang-outan se tient presque toujours dans les arbres, se déplaçant habilement de branche en branche en quête de fruits mûrs, qui constituent la base de son alimentation. Seuls les vieux mâles, trops lourds pour évoluer en toute sécurité dans les arbres, restent de préférence au sol.

Taille : mâle, 120 à 170 cm ; femelle, 100 à 120 cm

Poids : mâle, 50 à 100 kg ; femelle, 30 à 50 kg **Aire de répartition :** Bornéo

1

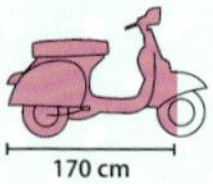

Il s'abrite de la pluie sous de grandes branches feuillues.

En grandissant, les mâles développent également un grand disque facial, gris, agrémenté de moustaches et d'une barbe.

2. MACAQUE NÈGRE *(Macaca nigra)* CR

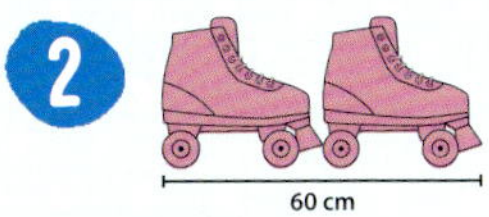

Le macaque nègre est entièrement noir, y compris la longue face plate et la crête ébouriffée au sommet du crâne ; la queue se réduit à un moignon presque invisible. Vivant uniquement dans les forêts de l'île des Célèbes, il forme des troupes nombreuses et passe la plupart de son temps au sol, grimpant dans les arbres pour chercher sa nourriture et dormir. Il consomme surtout des fruits et, à défaut de ces derniers, des feuilles tendres, de jeunes pousses, des insectes, de petits mammifères et des œufs d'oiseaux. L'espèce enregistre un déclin constant dû à la destruction de la forêt pour laisser place aux cultures et au fait que ces singes sont considérés comme un mets de choix et font donc l'objet d'une chasse acharnée.

Taille : 44 à 60 cm ; queue de 2 cm
Poids : 5,5 à 10 kg
Aire de répartition : Indonésie

Les yeux brun orangé ressortent sur la face noire.

3. NASIQUE *(Nasalis larvatus)* EN

Singe vivant exclusivement sur la grande île de Bornéo, de préférence dans les forêts bordant les fleuves et les rivières. Le nasique a des habitudes diurnes et se nourrit de fruits, graines, feuilles tendres et jeunes pousses. Le pelage est brun jaunâtre, roux sur les épaules, avec la majeure partie des membres et la queue grises ; la face nue de couleur crème s'entoure d'une barbe jaunâtre. Le nez constitue l'incomparable caractéristique de cette espèce : énorme et pendant au-dessus de la bouche chez le mâle, il est court, triangulaire et retroussé chez la femelle.

Taille : mâle, 66 à 72,60 cm ; femelle, 53,30 à 62 cm ; queue de 80 cm
Poids : mâle, 16 à 22,5 kg ; femelle, 7 à 12 kg
Aire de répartition : Bornéo

3

Très bon nageur, il peut plonger jusqu'à 20 mètres de profondeur.

4. TARSIER SPECTRE *(Tarsius tarsier)* VU

Tout petit primate (comme les singes) vivant dans les forêts pluviales de la grande île des Célèbes. Le pelage est soyeux, gris ou gris-brun. La queue, très longue et presque glabre, porte quelques poils épars. Le tarsier spectre possède d'énormes yeux, de grandes oreilles très mobiles, des mains et des pieds aux immenses doigts fins. Le jour, il dort dans le creux d'un arbre et devient actif après le coucher du soleil. Unique primate exclusivement carnivore, il capture surtout des insectes, mais aussi des lézards, de petits oiseaux, voire des chauves-souris qu'il réussit à attraper en plein vol.

Taille : 9,50 à 14 cm ; queue de 20 à 26 cm

Poids : 102 à 130 g

Aire de répartition : Indonésie

4

14 cm

Il peut exécuter des sauts de 6 mètres, soit quarante fois sa taille !

5

48 cm

Plus petit ongulé au monde.

5. PETIT CHEVROTAIN MALAIS *(Tragulus kanchil)*

De la même famille que les cerfs, le petit chevrotain malais s'en distingue nettement par son apparence. Le corps est trapu, avec de courtes pattes très fines et des sabots si petits que l'animal semble se déplacer sur la pointe des pieds. Les mâles ne possèdent pas de cornes, mais deux canines allongées formant des crocs. La robe est rousse, avec des poils épars plus foncés ; le menton et deux raies sur la gorge et les parties inférieures sont blancs. Nocturne, ce spécimen ne s'éloigne pas de l'épais sous-bois de la forêt ; il mise surtout sur une attitude parfaitement immobile pour échapper à l'attention des prédateurs.

Taille : 44 à 48 cm **Poids :** 1,7 à 2,6 kg **Aire de répartition :** Asie du Sud-Est

6. BABIROUSSA DES CÉLÈBES *(Babyrousa celebensis)* VU

Porc sauvage au corps cylindrique et aux pattes plutôt longues et fines. Le museau allongé se termine par un groin qui sert néanmoins rarement à creuser, comme c'est en revanche le cas chez les autres cochons. La peau est gris brunâtre, avec de nombreux plis et seulement quelques poils foncés épars. Les défenses du mâle constituent la principale caractéristique de cette espèce. Les canines supérieures poussent vers le haut, transpercent la peau du museau et se recourbent en arc-de-cercle vers le front ; elles ont sans doute une fonction protectrice lors des affrontements avec d'autres mâles, quand les robustes et tranchantes canines inférieures dépassant de la bouche entrent également en jeu.

Taille : 85 à 110 cm ; queue de 20 à 32 cm

Poids : 43 à 100 kg

Aire de répartition : Indonésie (Célèbes)

6

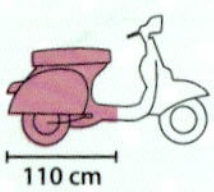

Chez la femelle, les canines supérieures sont absentes ou peu développées.

7. TAPIR À CHABRAQUE *(Tapirus indicus)* EN

Le tapir à chabraque doit son nom à la coloration de sa robe comportant une grande plage gris clair dans la seconde moitié du corps, qui contraste avec l'avant et les pattes postérieures de couleur noire. Le museau allongé se termine par une courte trompe préhensile ; les yeux sont petits et les oreilles, courtes et ourlées de blanc. Il possède quatre doigts aux pattes antérieures, et trois aux postérieures, tous munis d'un sabot. Cette espèce mène une existence solitaire dans les forêts humides, souvent à proximité de cours d'eau. Le tapir est actif surtout la nuit, quand il accomplit de longs déplacements en quête de feuilles tendres, de jeunes pousses, de rameaux et de fruits.

Taille : 185 à 240 cm **Poids :** 250 à 320 kg

Aire de répartition : Malaisie, Thaïlande, Indonésie

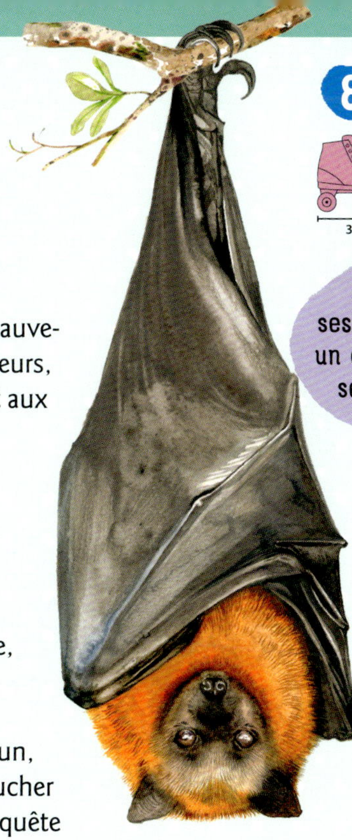

8. ROUSSETTE DE MALAISIE

(Pteropus vampyrus) **NT**

En dépit de son nom scientifique, cette chauve-souris ne se nourrit pas de sang mais de fleurs, de nectar et de fruits mûrs ; contrairement aux espèces insectivores dotées d'un système d'écholocation, elle se dirige grâce à sa vue très perçante. La petite tête rappelle celle d'un chien, avec de grandes oreilles pointues ; le pelage est roussâtre et brun, et les ailes membraneuses sont noires. Le jour, elle se tient suspendue à une branche, la tête en bas et enveloppée dans ses ailes. Plusieurs centaines de roussettes de Malaisie peuvent utiliser un dortoir commun, un grand arbre au cœur de la forêt ; au coucher du soleil, elles le quittent et s'envolent en quête d'arbres en fleur et portant des fruits mûrs.

Taille : 26 à 32 cm **Poids :** 650 à 1 100 g

Aire de répartition : Malaisie, Indonésie, Philippines

Elle agite ses ailes comme un éventail pour se rafraîchir.

La courte trompe sert à arracher feuilles et rameaux avant de les porter à la bouche.

9. RHINOCÉROS INDIEN *(Rhinoceros unicornis)* VU

Il s'agit du plus gros des trois rhinocéros asiatiques. La peau, glabre, est gris-brun et forme de gros plis qui la font ressembler aux plaques d'une armure métallique ; une impression accentuée par la présence de tubercules sur les épaules, la croupe et les pattes. Les mâles adultes, plus grands que les femelles, ont également davantage de plis sur le cou. Le rhinocéros indien vit dans les prairies et se nourrit d'herbe, de feuilles et de fruits. Il s'immerge souvent dans l'eau pour maintenir sa peau humide et prend des bains de boue pour se protéger des insectes.

Taille : mâle, 368 à 380 cm ; femelle, 310 à 340 cm ; queue de 60 à 70 cm

Poids : mâle, 2 200 à 2 600 kg ; femelle, 1 400 à 2 000 kg

Aire de répartition : Inde du Nord, Népal

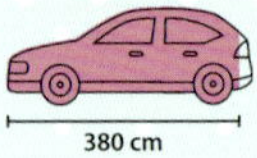

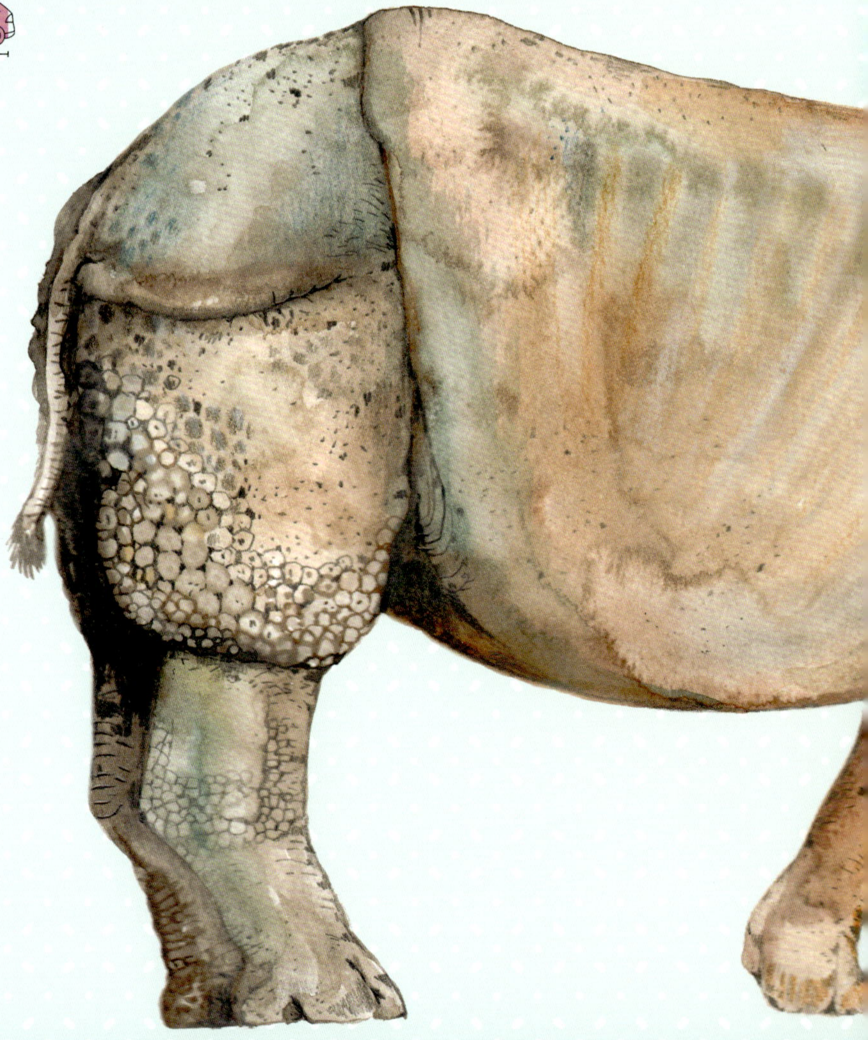

AU BORD DE L'EXTINCTION

Comme l'Afrique, l'Asie a elle aussi ses rhinocéros : trois espèces différentes. Et dans ce cas également, il s'agit d'animaux persécutés, surtout pour leur corne qui, dans les traditions de nombreuses populations, est considérée comme un remède contre une multitude de maladies et se vend donc très cher. Ainsi, bien que protégés, les rhinocéros en sont réduits à survivre dans quelques parcs nationaux où, même là, ils sont victimes de braconniers sans scrupule. Des trois espèces asiatiques, le rhinocéros indien est celui qui s'en tire le mieux avec, selon les estimations, environ 2 000 individus adultes. Concernant le rhinocéros de Sumatra, la population serait inférieure à 300 exemplaires. La situation la plus dramatique est celle du rhinocéros de Java, dont il ne subsiste aujourd'hui que 50 à 60 individus adultes, un nombre si faible qu'il laisse peu d'espoirs de sauver l'espèce.

Une seule corne mesurant jusqu'à 36 centimètres, présente chez les deux sexes.

11. RHINOCÉROS DE SUMATRA

(Dicerorhinus sumatrensis) CR

Il s'agit de la plus petite des cinq espèces de rhinocéros existantes. Deux cornes sont présentes chez les deux sexes, comme les rhinocéros africains. La peau, gris foncé ou marron, forme deux gros plis qui délimitent le tronc derrière les pattes antérieures et devant les pattes postérieures ; le corps est couvert de poils hirsutes. Mâles et femelles sont solitaires et défendent leur propre territoire ; l'alimentation repose sur des feuilles, des arbrisseaux, des pousses de bambou et des fruits. Autrefois répandu de l'Inde à l'Indonésie, il ne se rencontre aujourd'hui que dans quelques zones protégées.

Taille : 236 à 318 cm ; queue de 35 à 70 cm

Poids : 500 à 1 000 kg

Aire de répartition : Malaisie, Sumatra, Bornéo

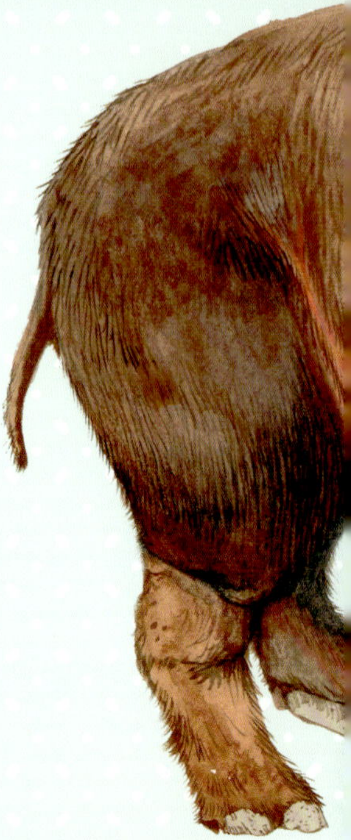

Les deux cornes sont rondes et ne dépassent pas une vingtaine de centimètres de long.

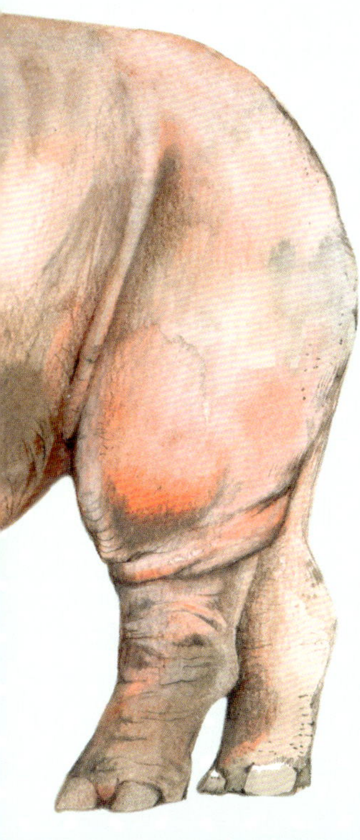

10. RHINOCÉROS DE JAVA

(Rhinoceros sondaicus) **CR**

Autrefois répandu dans tout le Sud-Est asiatique. Seule une très petite population est désormais présente sur l'île indonésienne de Java, et la dizaine d'individus que le Vietnam abritait est désormais considérée comme éteinte. La peau est grise, avec de gros plis sur les épaules, le dos et les pattes postérieures qui lui donnent un air d'armure métallique. Seuls les mâles portent une corne, unique ; la queue se termine par une touffe de poils. Herbivore, le rhinocéros de Java se nourrit de feuilles et des tiges de longues herbes ; aux heures les plus chaudes, il passe son temps dans l'eau pour maintenir sa peau humide.

Taille : 300 à 320 cm ; queue de 50 à 70 cm

Poids : 900 à 2 300 kg

Aire de répartition : Java

12

12. OURS MALAIS

(Helarctos malayanus) **VU**

L'ours malais fréquente les denses forêts tropicales de plaine. Il possède un pelage entièrement noir, hormis une tache jaunâtre ou blanche sur la gorge, plus ou moins étendue (jusqu'à former un U complet) et parfois totalement absente. Les pieds à la plante glabre sont munis de longues et robustes griffes falciformes. Actif la nuit, il grimpe avec une grande agilité et passe beaucoup de temps dans les arbres, dormant ou se chauffant au soleil. Abeilles, fourmis, termites et autres insectes constituent l'essentiel de son régime alimentaire, l'animal se servant de ses fortes griffes pour creuser les souches et les troncs pourris, ainsi que pour éventrer les termitières.

Taille : 120 à 150 cm **Poids :** 27 à 65 kg

Aire de répartition : de l'Himalaya à l'Indochine et la Malaisie

Mesurant jusqu'à 25 centimètres de long, la langue peut atteindre fourmis et termites dans leurs galeries.

13. PANTHÈRE NÉBULEUSE *(Neofelis nebulosa)* VU

Félin de taille moyenne aux pattes courtes et robustes et à la longue queue touffue. Son nom renvoie aux taches présentes sur les flancs, formant de grandes ellipses nuancées de gris et cernées de noir qui évoquent des nuages. Solitaire et nocturne, la panthère nébuleuse fréquente les denses forêts d'Asie du Sud-Est, où elle évolue avec beaucoup d'agilité dans les arbres en chassant singes et petits mammifères au milieu des branches ou bien en bondissant par surprise sur des mammifères terrestres revêtant parfois la taille d'un cerf. Bien que protégée, elle est chassée pour sa fourrure et les parties de son corps utilisées en médecine traditionnelle chinoise.

Taille : 75 à 105 cm ; queue de 79 à 90 cm **Poids :** 11 à 23 kg

Aire de répartition : de l'Inde du Nord à la Chine du Sud et l'Indochine

13

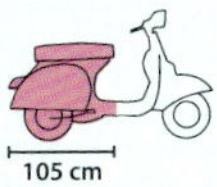

Elle peut descendre d'un tronc d'arbre la tête la première.

OCÉANIE

SUR LA TERRE DES MARSUPIAUX

QUOKKA
(Setonix brachyurus)

Deuxième île de la planète par sa taille après le Groenland, la Nouvelle-Guinée se caractérise par un territoire montagneux et tapissé de denses forêts peu peuplées. L'Australie, en revanche, offre une mosaïque de milieux divers, des forêts pluviales aux forêts sèches d'eucalyptus et d'acacias, en passant par les prairies, les marécages et de véritables déserts. Cette grande variété d'habitats abrite une faune très particulière qui comprend tous les monotrèmes, des mammifères primitifs pondant des œufs au lieu de donner naissance à une progéniture vivante, et presque tous les marsupiaux existants, à commencer par les kangourous, l'amusant koala (illustration) et le diable de Tasmanie. Aux rares mammifères placentaires autochtones (chauves-souris, rongeurs, phoques, otaries et cétacés) se sont ajoutés les spécimens introduits par les colons européens avec, parfois, des répercussions très négatives, comme dans le cas du lapin sauvage, devenu une vraie plaie pour les prairies, ou bien du renard, des rats et du chat, redoutables prédateurs des espèces indigènes.

1. DUGONG *(Dugong dugon)* VU

Le dugong est un mammifère qui s'est adapté à la vie aquatique. Le corps massif et cylindrique se termine par une grande queue qui le propulse dans l'eau ; les membres antérieurs sont modifiés en deux courtes et larges nageoires. La tête est arrondie, avec de petits yeux, une bouche dirigée vers le bas et de grosses lèvres très mobiles qui servent à brouter : le dugong se nourrit en effet d'herbes poussant sur le fond marin. La femelle possède deux mamelles pectorales et peut évoquer une silhouette humaine quand elle sort de l'eau. Ce singulier mammifère se trouve peut-être justement à l'origine du mythe des sirènes, des femmes à queue de poisson, d'où le nom de siréniens attribué à l'ordre des mammifères comprenant le dugong.

Taille : 240 à 400 cm **Poids :** 230 à 400 kg

Aire de répartition : eaux côtières, de l'Afrique de l'Est à la Polynésie

Seul mammifère marin qui se nourrit exclusivement d'herbes.

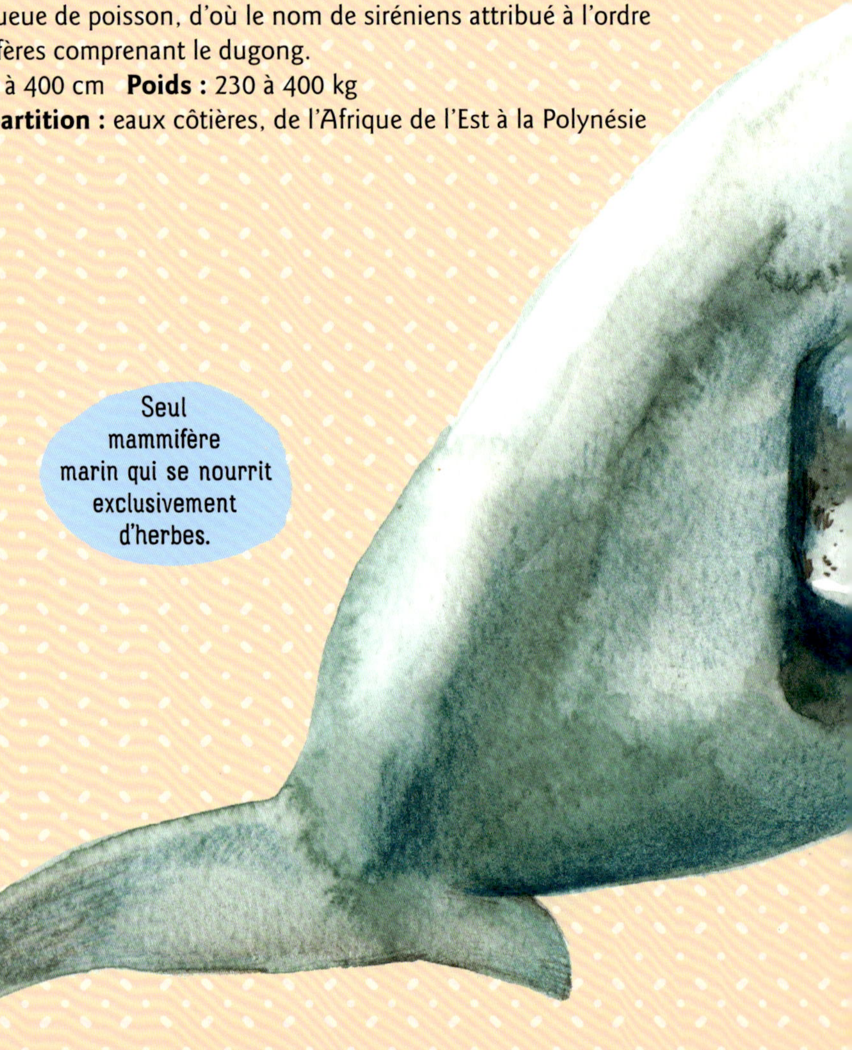

2

Il peut « voler » sur plus de 50 mètres.

2. POSSUM À SUCRE *(Petaurus breviceps)*

Ce petit marsupial peut accomplir des vols planés grâce à une membrane reliant le pouce de la patte antérieure et le premier orteil de la patte postérieure ; en tendant les pattes, la membrane se déploie et l'animal perd lentement de l'altitude. Le possum à sucre forme de petits groupes qui défendent un territoire commun ; les membres se marquent mutuellement avec des sécrétions glandulaires, et cette odeur devient un signe de reconnaissance : le spécimen qui ne la posséderait pas sera violemment chassé. Il se nourrit principalement de sève des arbres, de pollen et de nectar l'hiver, d'insectes et d'araignées l'été ; lorsqu'il fait froid ou que la nourriture fait défaut, il peut réduire son activité et entrer brièvement en léthargie.

Taille : 16 à 21 cm ; queue de 15 à 23 cm

Poids : mâle, 110 à 160 g ; femelle, 95 à 135 g

Aire de répartition : Nouvelle-Guinée et nord-est de l'Australie

3. PHALANGER RAYÉ *(Dactylopsila trivirgata)*

Petit marsupial à la longue queue touffue qui ressemble à un écureuil noir et blanc. Le pelage blanc offre trois bandes noires qui s'étirent sur tout le corps, et la grande queue préhensile est noire avec l'extrémité généralement blanche. Le phalanger rayé fréquente les forêts denses, grimpe avec beaucoup d'agilité et peut même descendre d'un tronc la tête la première. Actif la nuit, il se nourrit d'insectes, en particulier de fourmis et de termites, ainsi que de larves vivant sous l'écorce et dans le bois mort. La griffe de son quatrième doigt, plus long que les autres, sert à extraire les larves du bois.

Taille : 25,60 à 27 cm ; queue de 30 à 35 cm **Poids :** 246 à 569 g

Aire de répartition : Nouvelle-Guinée et nord de l'Australie

4

Les yeux ont la pupille verticale, comme ceux des serpents.

4. COUSCOUS TACHETÉ *(Spilocuscus maculatus)*

Marsupial de la taille d'un gros chat, avec une longue queue préhensile, nue et rugueuse sur la face inférieure, idéale pour s'agripper aux branches. La tête est ronde, avec de très petites oreilles cachées dans la fourrure et des yeux entourés d'un anneau de peau nue, jaune orangé. Le pelage dru et laineux est blanc avec des taches fauves ou brunes chez les mâles, entièrement blanc chez les femelles. Le couscous tacheté vit dans les forêts et les plantations de cocotiers ; actif la nuit, il se nourrit surtout de feuilles, jeunes pousses et fruits.

Taille : mâle, 51,50 à 55,50 cm ; femelle, 48,50 à 52,50 cm ; queue de 31 à 43,50 cm **Poids :** mâle, 4 à 4,8 kg ; femelle, 3 à 4,1 kg

Aire de répartition : Nouvelle-Guinée et nord-est de l'Australie

Pour sa taille, il a le plus gros cerveau de tous les marsupiaux.

3

5. BETTONGIE À QUEUE TOUFFUE

(Bettongia penicillata) **CR**

Appelé aussi rat-kangourou à queue en brosse, ce petit marsupial vit dans les forêts clairsemées à l'épais sous-bois de buissons et de grandes touffes d'herbe. Solitaire, il est actif la nuit et se réfugie le jour dans un nid d'herbes et de lanières d'écorce creusé dans le sol à l'abri d'un arbuste. Chaque individu défend un territoire comptant plusieurs nids et les sites d'alimentation. Il se nourrit de champignons, bulbes, tubercules, racines et insectes. Le petit ne reste que 98 jours dans la poche marsupiale, puis il accompagne sa mère jusqu'à l'arrivée d'un autre nouveau-né.

Taille : 30 à 38 cm ; queue de 29 à 36 cm
Poids : 1 100 à 1 600 g
Aire de répartition : sud-ouest de l'Australie

Sa longue queue lui sert à rassembler et transporter le matériel pour confectionner son nid.

6. WALLABY DES MARAIS

(Wallabia bicolor)

De la même famille que les kangourous, les wallabys possèdent de puissantes pattes postérieures adaptées au saut et une longue queue servant d'appui. Le wallaby des marais fréquente les forêts et les zones marécageuses où la végétation abonde. Le pelage est brun foncé, avec les pattes et la queue noirâtres et une bande jaunâtre sur les joues. Le mâle est plus grand que la femelle. Cet animal solitaire et nocturne se nourrit d'herbes tendres, feuilles et jeunes pousses. Il se déplace par petits bonds, mais aussi sur ses quatre pattes.

Taille : mâle, 72 à 85 cm ; femelle, 66,50 à 75 cm ; queue de 69 à 86 cm chez le mâle et 64 à 73 cm chez la femelle
Poids : mâle, 12,3 à 20,5 kg ; femelle, 10,3 à 15,4 kg
Aire de répartition : Australie

Il se sert de ses pattes antérieures, courtes et fluettes, pour manipuler la nourriture.

7. DENDROLAGUE DE GOODFELLOW
(Dendrolagus goodfellowi) EN

Les kangourous arboricoles ressemblent aux kangourous mais vivent dans les arbres et ont pour cela des pattes postérieures plus courtes et des pattes antérieures plus longues et robustes, avec de puissantes griffes très utiles pour grimper. Le dendrolague de Goodfellow revêt un pelage dru et laineux de couleur châtain ou rouge-brun, avec deux raies dorées dans le bas du dos ; les parties inférieures, le museau et les pieds sont jaunâtres ; la queue claire à taches et anneaux foncés ne sert pas d'appui comme chez les kangourous. Solitaire, il se tient de préférence dans les arbres et se déplace au sol par petits bonds ou sur ses quatre pattes. Il se nourrit de feuilles, de fruits et, dans une moindre mesure, de fleurs et d'herbe.

Taille : 55 à 77 cm ; queue de 70 à 84 cm **Poids :** 5,9 à 9,5 kg
Aire de répartition : Nouvelle-Guinée

7

8. WALLABY DES ROCHERS *(Petrogale xanthopus)* NT

Comme son nom l'indique, cet animal fréquente les parois rocheuses en lisière des prairies ou bien des milieux arides avec des affleurements de roche, où il trouve grottes et failles lui procurant un abri. Il s'agit de l'un des kangourous les plus colorés : le pelage est gris sur les parties supérieures et blanchâtre sur le ventre ; oreilles, pattes antérieures et pieds sont de couleur jaune intense ou rousse ; à une raie brune sur le dos s'ajoutent des bandes blanches sur les joues, les flancs et les hanches, tandis que la queue offre des anneaux alternativement roux et bruns. Nocturne, le wallaby des rochers se nourrit d'herbe et, quand cette dernière fait défaut, de feuilles d'arbres et arbustes.

Taille : 48 à 65 cm ; queue de 57 à 70 cm **Poids :** 6 à 11 kg

Aire de répartition : Australie

8

65 cm

Il se déplace en sautant de rocher en rocher, par bonds pouvant atteindre 4 mètres.

9. NUMBAT
(Myrmecobius fasciatus) **EN**

9

29 cm

Autrefois répandu et commun dans une grande partie de l'Australie, le numbat ne compte désormais que deux petites populations dans la région occidentale. Il fréquente uniquement des forêts anciennes avec beaucoup de vieux troncs abattus, dans les creux desquels il trouve refuge et élève ses petits et où il capture les termites constituant son unique nourriture. La fourrure est épaisse, brun-roux ou gris-brun, avec 4 à 11 rayures blanches sur le dos et la croupe. Le museau est fin, avec de grands yeux et de longues oreilles ovales ; les pieds sont munis de longues griffes acérées, qui servent à creuser le bois pour dénicher les termites capturés ensuite avec la fine langue collante qui peut s'étirer jusqu'à 10 centimètres.

Taille : 17,50 à 29 cm ; queue de 12 à 21 cm

Poids : 300 à 752 g **Aire de répartition :** Australie occidentale

Le nombre de rayures blanches varie d'un individu à l'autre.

10. PADÉMÉLON DE TASMANIE *(Thylogale billardierii)*

Endémique de la grande île au sud de l'Australie, il revêt un aspect globalement semblable à celui d'un kangourou, mais son corps est compact et massif, avec une queue plutôt courte. Le mâle est plus grand que la femelle. Le pelage est fourni et soyeux, brun ou gris-brun dessus, roux sur le ventre. Solitaire, le padémélon fréquente la forêt pluviale et se nourrit de diverses herbes, jeunes pousses et de fleurs riches en nectar. Le petit reste six mois dans la poche marsupiale.

Taille : 60 cm ; queue de 40 cm

Poids : 3,9 à 12 kg

Aire de répartition : Tasmanie

10

60 cm

Il ne s'éloigne jamais à plus d'une centaine de mètres du couvert des arbres.

11

140 cm

Pour donner l'alerte, il frappe le sol de ses pieds comme un tambour.

11. KANGOUROU GÉANT

(Macropus giganteus)

En dépit de son nom, le kangourou géant n'est pas le plus grand des kangourous et revêt une taille inférieure à celle du kangourou roux. Comme tous les kangourous, il possède de longues et puissantes pattes postérieures et une longue queue robuste servant d'appui ; les pattes antérieures sont en revanche courtes et fines. Le pelage est uniformément gris. Cette espèce aux habitudes nocturnes pâture dans les prairies ouvertes et se tient durant la journée à l'abri des buissons. Le nouveau-né n'est pas plus gros qu'une cerise ; il grandit dans la poche marsupiale qu'il ne quitte pas durant neuf mois.

Taille : 85 à 140 cm ; queue de 90 à 105 cm

Poids : mâle, 50 à 66 kg ; femelle, 17 à 40 kg

Aire de répartition : Australie orientale et Tasmanie

12. KANGOUROU ROUX *(Macropus rufus)*

Il s'agit du plus grand des kangourous et du plus grand marsupial vivant. Le museau est carré, avec de longues oreilles pointues ; les membres antérieurs, courts et minces, sont munis de griffes acérées ; les membres postérieurs sont longs et puissants, et la longue queue robuste sert de balancier quand le kangourou se déplace à grands bonds et fait office de troisième point d'appui lorsqu'il est à l'arrêt. Le pelage est fauve chez les mâles, qui sont beaucoup plus gros et robustes, et grisâtre chez les femelles. Le kangourou roux fréquente des milieux ouverts et arides, avec des arbres épars à l'ombre desquels il se tient aux heures les plus chaudes ; au crépuscule, quand la température baisse, il devient actif et se nourrit d'herbes.

Taille : mâle, 130 à 160 cm ; femelle, 85 à 105 cm ; queue de 100 à 120 cm chez les mâles, et 65 à 85 cm chez les femelles

Poids : mâle, 55 à 90 kg ; femelle, 18 à 40 kg

Aire de répartition : Australie

12

Il peut couvrir une distance de 8 ou 9 mètres en un seul bond.

COMBATS DE BOXE

Le kangourou roux vit en groupes plus ou moins nombreux comprenant quelques femelles et un ou plusieurs mâles. Seul le plus fort, ou dominant, s'accouple avec les femelles, de sorte qu'il règne toujours une vive compétition entre les mâles qui s'affrontent pour prouver leur force. Les rivaux s'agrippent et s'échangent des coups avec leurs pattes antérieures, prenant au besoin appui sur leur queue pour se décocher de violents coups de pied.

GRANDIR DANS UNE POCHE

Les marsupiaux sont des mammifères très particuliers. Au lieu de mamelles ventrales ou pectorales permettant d'allaiter les petits, ils possèdent une sorte de poche ventrale appelée marsupium, où se trouvent les tétines reliées aux glandes produisant le lait. Juste après la naissance, les petits rejoignent la poche marsupiale et y restent un laps de temps plus ou moins long en fonction de l'espèce.
Le kangourou roux a été choisi ici pour illustrer la vie des marsupiaux.

GROS COMME UNE NOIX

Le kangourou roux donne naissance à un seul petit. Le minuscule nouveau-né mesure 2 centimètres et pèse moins de 1 gramme ; aveugle et nu, il n'est pas encore complètement formé, n'ayant développé que sa langue, les muscles de sa bouche et une ébauche de membres antérieurs. En s'agrippant aux poils de sa mère, il rampe sur son ventre jusqu'à la poche marsupiale ; une fois à l'intérieur, il saisit une tétine et commence à téter le lait très nourrissant.

SON PETIT DANS LA POCHE

Les 70 premiers jours de sa vie, le petit kangourou ne lâche pas la tétine de sa mère et grandit rapidement en achevant de se développer. Il commence ensuite à sortir timidement la tête de la poche pour observer le monde extérieur et trouve le courage d'effectuer sa première sortie au bout d'environ 190 jours, retournant dans le marsupium pour manger et se reposer. Il s'écoulera presque huit mois avant qu'il quitte définitivement la poche, mais continuera d'être allaité jusqu'à l'âge de 12 mois.

13. DINGO *(Canis lupus dingo)* VU

Comme l'indique son nom scientifique, le dingo appartient à la même espèce que le loup et le chien : il s'agit en effet du descendant des chiens introduits en Australie par des navigateurs en provenance d'Asie il y a plus de 3 500 ans. Au fil des siècles, l'animal est retourné à l'état sauvage et s'avère aujourd'hui présent dans la nature sur l'ensemble du continent. Comparé au loup, le dingo est plus petit, moins élancé et possède une large tête triangulaire, avec le museau court ; la couleur du pelage varie du crème au jaune-roux. Il vit en petites troupes menées par un couple dominant, qui est le seul à se reproduire.

Taille : 88,50 à 92 cm ; queue de 30 cm **Poids :** 9,6 à 19,4 kg

Aire de répartition : Australie ; populations isolées en Asie du Sud-Est

14. DIABLE DE TASMANIE *(Sarcophilus harrisii)* EN

Marsupial carnivore trapu et puissant au dense pelage noir, hormis une bande blanche sur la poitrine, parfois absente ; le museau, l'intérieur des oreilles, un cercle autour de l'œil et les pieds sont gris rosé. Formidable prédateur, le diable de Tasmanie consomme volontiers des charognes, os et peau compris. Comme son nom l'indique, il est peu apprécié parce qu'il s'attaque aussi aux animaux domestiques et en raison de son apparence et des cris inquiétants qu'il émet, en particulier quand plusieurs individus se disputent une proie. Autrefois répandu dans toute l'Australie, il n'est aujourd'hui présent que sur l'île de Tasmanie, malgré le lancement d'un projet de réintroduction sur le continent où il a été exterminé.

Taille : 52 à 80 cm ; queue de 20 à 30 cm

Poids : mâle, 5,5 à 12 kg ; femelle, 4 à 8 kg

Aire de répartition : île de Tasmanie (Australie)

14

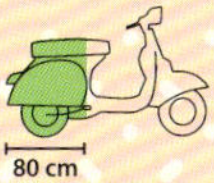

Sa dentition est si puissante qu'elle peut briser les os.

15. GRAND BANDICOOT LAPIN

(Macrotis lagotis) **VU**

Ce petit marsupial fréquente les régions les plus arides et les déserts d'Australie. Il revêt un air comique avec son long museau, son nez rose et glabre et ses grandes oreilles de lapin. Sur son territoire, il creuse des dizaines de profonds terriers souterrains où il se tient le jour et se réfugie en cas de danger. Ses galeries constituent un précieux abri pour beaucoup d'autres animaux, soit au moins 45 espèces différentes. La nuit, il sort en quête de nourriture, flairant de-ci, de-là avec son long nez et creusant avec ses puissantes griffes pour dénicher larves d'insectes, termites et autres petits animaux, bulbes et racines.
Taille : mâle, 30 à 55 cm ; femelle, 29 à 39 cm ; queue de 20 à 29 cm **Poids :** mâle, 800 à 2 500 g ; femelle, 600 à 1 100 g
Aire de répartition : centre-ouest de l'Australie

La poche marsupiale de la femelle s'ouvre vers l'arrière.

16. DASYURE TIGRE

(Dasyurus maculatus) **NT**

Appelé aussi chat marsupial à queue tachetée, il n'est pas apparenté au chat, et encore moins au tigre, mais représente le principal prédateur de la faune australienne. Le pelage brun-roux plus ou moins foncé offre sur l'ensemble du corps une série de grosses taches arrondies blanches qui s'étendent aussi à la longue queue. Il fréquente les forêts à l'épais sous-bois. Passant la journée à l'intérieur d'un terrier dans les rochers ou un tronc creux, il sort au crépuscule pour chasser une grande quantité de mammifères de taille moyenne et petite, ainsi que des oiseaux, aussi bien au sol que dans les arbres.
Taille : mâle, 38 à 76 cm ; femelle, 35 à 45 cm ; queue de 34 à 55 cm **Poids :** 1,5 à 7 kg
Aire de répartition : sud-est de l'Australie et Tasmanie

Les nouveau-nés mesurent moins de 1 centimètre et restent douze semaines dans la poche marsupiale.

17. WOMBAT COMMUN *(Vombatus ursinus)*

Le wombat commun ressemble à un adorable ourson au pelage dru, avec une grosse tête, un corps trapu et de courtes pattes munies de puissantes griffes de fouisseur. Les yeux sont petits et le nez est glabre. Il fréquente les forêts clairsemées, les landes et les versants de collines dont le sol meuble lui permet de creuser ses terriers à plusieurs chambres où il passe la journée. Il sort pâturer la nuit, se nourrissant d'herbe, de roseaux et de mousse.

Taille : 70 à 110 cm ; queue de 2,50 cm **Poids :** 20 à 35 kg

Aire de répartition : sud-est de l'Australie, Tasmanie

17

110 cm

Dans son terrier, il se tient dos à l'entrée : sa peau très épaisse le protège des prédateurs.

Comme chez d'autres marsupiaux fouisseurs, la poche s'ouvre vers l'arrière pour empêcher la terre d'y pénétrer quand il creuse.

18

35 cm

Il doit son nom à son habitude consistant à enrouler sa queue en anneau, notamment autour d'une branche.

18. POSSUM À QUEUE EN ANNEAU

(Pseudocheirus peregrinus)

Opossum aux habitudes nocturnes, qui vit dans les forêts à l'épais sous-bois. La plante des pieds rugueuse et la queue préhensile l'aident à grimper. Il se nourrit principalement de feuilles d'eucalyptus. Il forme des groupes familiaux comprenant un mâle et une ou deux femelles avec leur progéniture, qui défendent un territoire en le marquant de leurs sécrétions glandulaires et qui occupent un nid d'écorce, de branchages et de fougères construit à la fourche d'un arbre.

Taille : 30 à 35 cm ; queue de 30 à 35 cm **Poids :** 500 à 1 000 g

Aire de répartition : Australie et Tasmanie

19. KOALA *(Phascolarctos cinereus)* VU

Marsupial arboricole étroitement lié aux forêts d'eucalyptus, qui lui procurent nourriture et protection. Le koala est incomparable avec sa tête ronde aux petits yeux, ses grandes oreilles frangées de poils blancs et son nez glabre, bombé et proéminent. L'épaisse fourrure laineuse est grise ou brunâtre, avec le menton, la poitrine et la face interne des membres blancs. La poche s'ouvre vers le bas et l'arrière. Le koala consomme presque exclusivement des feuilles d'eucalyptus. Ces dernières contiennent des substances toxiques : leur digestion requiert un appareil digestif très particulier. Elles sont par ailleurs pauvres en nutriments, de sorte que le koala se déplace lentement et reste inactif jusqu'à vingt heures par jour, dormant la plupart du temps.

Taille : 60 à 85 cm **Poids :** 4 à 15 kg

Aire de répartition : Australie orientale

19

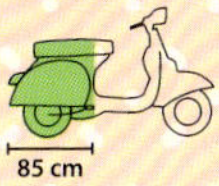

Le petit quitte la poche à l'âge de 7 mois et est transporté sur le dos de sa mère.

CES SINGULIERS MAMMIFÈRES QUI PONDENT DES ŒUFS

Les monotrèmes constituent un groupe de mammifères revêtant une apparence particulière et possédant des caractéristiques tout aussi singulières, à commencer par le fait qu'ils ne donnent pas naissance à des petits vivants, comme les autres mammifères, mais pondent des œufs à coquille molle, comme ceux des reptiles, qui doivent être couvés pour que l'embryon se développe. Ils sont en outre dépourvus de tétons et le lait produit par les glandes mammaires s'écoule par les pores de la peau en certains endroits du ventre : pour se nourrir, les petits sucent les poils. Sans dents, les monotrèmes ont de petits yeux et des oreilles sans pavillon ; les pattes sont situées sur les côtés du corps, à l'instar des reptiles. Il s'agit dans l'ensemble d'animaux ayant conservé des caractères primitifs qu'ils partagent en partie avec les reptiles. Il en existe au total cinq espèces, dont l'aire de répartition se limite à l'Australie et à la Nouvelle-Guinée.

20. ORNITHORYNQUE *(Ornithorhynchus anatinus)* NT

Quand les zoologistes européens virent pour la première fois sa dépouille, ils pensèrent qu'il s'agissait d'un montage réalisé à partir d'animaux différents. L'ornithorynque, dont le nom signifie « bec d'oiseau », possède en effet un corps cylindrique recouvert d'un épais pelage, un bec de canard, une queue de castor et des pieds palmés, munis de griffes. Cet animal semi-aquatique et solitaire vit dans des rivières peu profondes, des lagunes et des torrents aux berges riches en végétation et se nourrit de vers aquatiques, crevettes et petits poissons. Le mâle porte sur le talon de chaque patte postérieure un éperon relié à une glande venimeuse. La femelle n'a pas de poche marsupiale et pond des œufs (généralement deux) dans un nid garni de feuilles au bout d'une longue galerie. Une fois éclos, les petits sont nourris pendant trois à quatre mois avec le lait qui s'écoule par les pores de la peau du ventre de leur mère.

Taille : 30 à 48 cm ; queue de 12 cm **Poids :** 700 à 2 400 g

Aire de répartition : Australie orientale et Tasmanie

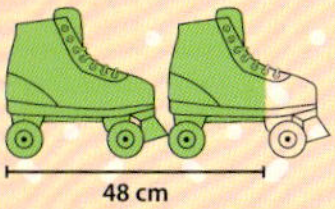

La femelle couve ses œufs durant 10 jours en les serrant entre sa queue et son ventre.

21

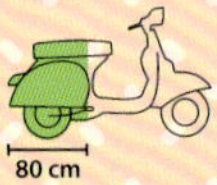

Le mâle possède un éperon, non venimeux, au talon de chaque patte postérieure.

21. ÉCHIDNÉ DE BRUIJN *(Zaglossus bruijni)* CR

Il s'agit de l'une des trois espèces du genre *Zaglossus* qu'abrite la Nouvelle-Guinée. On sait peu de choses sur cet animal dans la mesure où il est très rare et vit au cœur des forêts de montagne les plus reculées. Le long museau pointu, incurvé vers le bas, représente les deux tiers de la tête. La très longue langue sert à capturer surtout des lombrics et, dans une moindre mesure, des fourmis et termites. Le pelage dru, brun ou noir, cache en grande partie les piquants du dos, blancs. Les pattes possèdent trois ou quatre fortes griffes, celles des pattes postérieures étant tournées vers l'extérieur. La femelle pond un œuf qui éclôt dans une poche abdominale où le petit reste quatre ou cinq semaines, le temps que ses piquants se développent.

Taille : 45 à 80 cm **Poids :** 5 à 16,5 kg

Aire de répartition : Nouvelle-Guinée

22

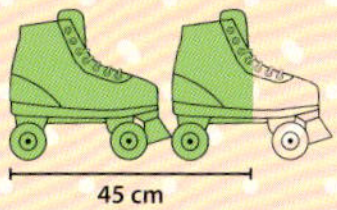

La langue peut entrer et sortir du museau 100 fois par minute.

22. ÉCHIDNÉ À NEZ COURT

(Tachyglossus aculeatus)

Les robustes piquants qui recouvrent tout le corps et le museau tubulaire constituent les principales caractéristiques de l'échidné à nez court. Le corps est compact, avec des pattes courtes, les antérieures étant particulièrement puissantes et munies de fortes griffes pour creuser. Le museau est glabre et la bouche ne s'ouvre que pour laisser sortir la langue, collante, avec laquelle l'animal capture fourmis et termites. La femelle pond un seul œuf qu'elle couve dans un repli de la peau qui se forme sur l'abdomen au moment de la reproduction. Environ sept semaines après l'éclosion, le petit est expulsé de la poche car ses piquants sont désormais trop longs, et installé dans un terrier où sa mère vient le nourrir par intervalles jusqu'à l'âge de 6 mois.

Taille : 30 à 45 cm ; queue de 3 à 5 cm

Poids : 2 à 7 kg

Aire de répartition : Australie, Tasmanie, Nouvelle-Guinée

À NOS CÔTÉS, À LA MAISON ET DANS LES CHAMPS

Pendant longtemps l'homme a considéré les autres mammifères comme une ressource à exploiter ou un danger à éviter. Il les chassait pour la viande, la peau ou bien d'autres parties du corps, et devait se protéger contre ceux pour lesquels il constituait une proie éventuelle. Quand, il y a environ 12 000 ans, les premières communautés s'établirent pour cultiver la terre et accumuler des réserves de nourriture, les humains comprirent que certains animaux pouvaient être rendus moins sauvages, gardés dans les villages et utilisés pour en tirer des avantages. Au fil du temps, le comportement et l'apparence de ces animaux changèrent car les hommes étaient en mesure de développer les caractéristiques les plus utiles par le biais de la sélection. Aujourd'hui, un rapport étroit s'est instauré avec certains spécimens domestiques élevés non seulement à des fins pratiques, mais aussi pour profiter de leur agréable compagnie. C'est le cas du chien (illustration) et du chat, de précieux compagnons dans la vie quotidienne de nombreuses personnes.

LE CHIEN : UN AMI FIDÈLE

Nul ne sait précisément quand débuta la longue histoire entre l'homme et le chien : il y a au moins 14 000 à 15 000 ans, mais peut-être encore bien avant. Tout commença sans doute avec des meutes de loups errant autour des campements humains pour profiter d'os et autres restes de repas. Les hommes réalisèrent qu'ils pouvaient servir à tenir d'autres prédateurs éloignés et à signaler, par leur comportement, l'approche d'un danger : les liens se resserrèrent ainsi peu à peu. Au fil des siècles, les descendants de ces premiers loups domestiqués ont profondément changé d'apparence : un grand nombre de races ont été sélectionnées afin, au départ, de garder les maisons et les troupeaux et pour chasser. Il existe aujourd'hui presque 500 races de chiens, très différentes les unes des autres par la taille, l'aspect et le caractère. Cette page en présente un petit échantillon, sans oublier les croisés, qui garantissent à l'homme la même affection et la même compagnie que leurs semblables à pedigree.

L'ANCÊTRE

L'ancêtre de tous les chiens est le loup (*Canis lupus*).

TECKEL

Chien très bas sur pattes et au tronc allongé. Originaire d'Allemagne, il était autrefois utilisé pour chasser les blaireaux ou les renards jusque dans leurs terriers.

CROISÉ

Les chiens croisés dérivent, comme leur nom l'indique, de croisements de races différentes, parfois sur plusieurs générations. Ils peuvent donc revêtir une taille, un aspect et une coloration très divers. Bon nombre des chiens qui partagent la vie des humains sont des croisés.

LÉVRIER AFGHAN

Les lévriers sont des chiens maigres et élancés, aux longues pattes fines, très rapides. Il en existe plusieurs races. Le lévrier afghan se distingue par son poil long et soyeux qui recouvre comme un manteau le dos, les flancs et les pattes, et par son air altier profondément élégant.

BORDER COLLIE

De taille moyenne et originaire de la région frontalière entre l'Angleterre et l'Écosse, où il était employé comme chien de berger, pour défendre et guider les troupeaux de moutons. Sa grande intelligence et son caractère affectueux font aussi de lui un excellent chien de compagnie.

BERGER ALLEMAND

Son aspect rappelle celui du loup, hormis la couleur, d'où son autre nom de chien-loup. Chien de berger à l'origine, il remplit aujourd'hui de nombreuses fonctions : garde, chien policier et anti-drogue, guide d'aveugle.

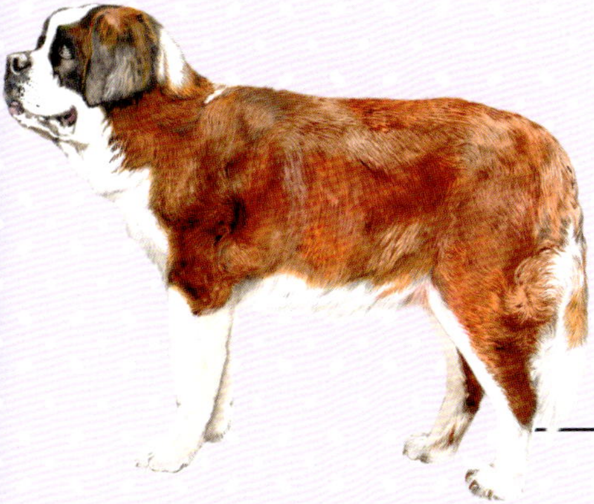

SAINT-BERNARD

Ce grand chien massif doit son nom au monastère homonyme, à la frontière entre l'Italie et la Suisse, où les moines l'élevaient pour la défense et porter secours aux personnes égarées dans la neige ou emportées par une avalanche. Doux et affectueux de nature, il a besoin d'espaces ouverts et de beaucoup de mouvement.

LE CHAT

Avec le chien, le chat est l'autre mammifère devenu désormais l'animal de compagnie de millions de personnes. Son histoire avec l'homme semble avoir débuté il y a environ 10 000 ans, dans une région comprise entre la Turquie et l'Égypte. Les chats sauvages, très méfiants, commencèrent à s'approcher des villages, sans doute attirés par les souris, très nombreuses autour des greniers. Comprenant les avantages inhérents à leur présence, les hommes s'efforcèrent d'établir une relation stable en leur procurant à manger. Dans l'Égypte antique, il y a 5 000 ans, le chat était déjà considéré comme sacré ; nombre de tombes ont livré des momies de chats et la déesse Bastet était représentée avec une tête de chat. Transporté à bord des navires où il chassait les souris, le félin se répandit rapidement dans les pays méditerranéens. Il est aujourd'hui un hôte habituel des maisons où il ronronne sous les caresses des humains, même s'il conserve encore une bonne part de son ancienne indépendance. Les races actuelles de chats s'élèvent à une centaine, mais leur nombre augmente vite car les éleveurs en sélectionnent sans cesse des nouvelles.

L'ANCÊTRE

L'ancêtre des chats domestiques est le chat sauvage d'Afrique (*Felis lybica*).

PERSAN

Complètement artificielle, cette race est issue exclusivement d'une sélection pratiquée par l'homme. Il s'agit d'un chat trapu et massif aux pattes courtes, qui se distingue principalement par son très long poil soyeux et sa tête ronde avec de petites oreilles et un museau écrasé.

SIAMOIS

Chat d'une grande élégance doté d'une petite tête triangulaire, de grandes oreilles pointues et d'yeux en amande, bleus. Le poil est court et la robe, toujours blanc crème avec museau, oreilles, pattes et queue foncés, généralement bruns ou noirs.

ABYSSIN

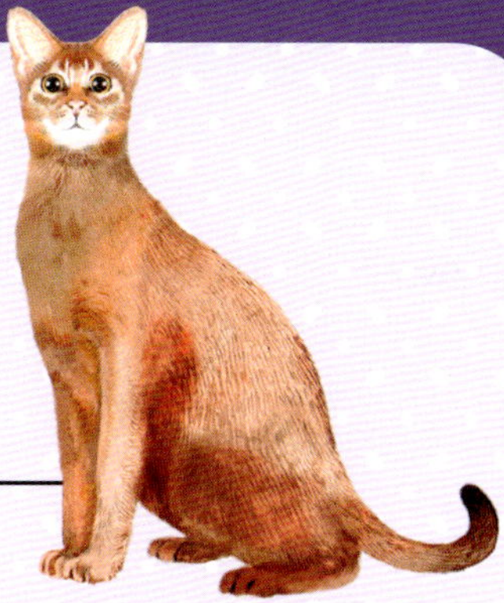

Originaire de la région africaine de l'Éthiopie, il revêt des caractéristiques très semblables à celles des chats de l'ancienne Égypte. Élancé et doté d'une longue queue fine, il possède un magnifique pelage fauve doré ou bien gris foncé. Les yeux ovales sont ambre, verts ou noisette.

EUROPÉEN

Répandu dans presque toute l'Europe, il descend des chats égyptiens arrivés par bateau il y a des milliers d'années et croisés à maintes reprises avec des chats sauvages. Robuste et musclé, l'européen possède une face et des yeux ronds, et offre un large éventail de couleurs de robe et d'yeux. Le pelage est souvent tigré, avec des rayures plus ou moins prononcées.

BOBTAIL JAPONAIS

Très ancienne, cette race japonaise se distingue par une queue extrêmement courte en forme de pompon. La robe, longue ou courte, est lisse et soyeuse. Les individus tricolores ou avec beaucoup de blanc sont particulièrement appréciés. Considéré comme un monument national, ce chat se rencontre dans les maisons et les commerces sous forme de statuettes censées attirer la prospérité.

NORVÉGIEN

Originaire d'Europe du Nord, il est grand, musclé et robuste. Habitué à vivre aussi en plein air, il grimpe à merveille. La robe est souvent bicolore, avec un poil très long et fourni, idéal pour résister au froid.

LES ÉQUIDÉS

La domestication des équidés (cheval et âne) a joué un rôle crucial dans l'essor des civilisations humaines. Durant la Préhistoire, les chevaux sauvages étaient les grands mammifères les plus répandus dans les immenses plaines d'Europe de l'Est et d'Asie centrale où nos ancêtres les chassaient pour leur viande et leur peau. Ces mêmes régions ont livré les premières preuves de domestication remontant à environ 5 500 ans avant notre ère. Les chevaux furent sans doute tout d'abord capturés et gardés dans des enclos à des fins alimentaires, avant d'être très vite utilisés comme monture puis, aussi, comme animal de bât et de trait. Au fil du temps, de nombreuses races se sont différenciées selon des caractéristiques précises : force pour tracter chars et charrues, vitesse et résistance à la chasse et à la guerre, etc. Il existe à l'heure actuelle environ 300 races distinctes. Quant à l'âne, il fut domestiqué pour la première fois en Égypte. Robuste et frugal, mais plus petit et moins docile, il a surtout été employé comme bête de somme, pour le transport de marchandises.

L'ANCÊTRE

L'ancêtre de tous les ânes domestiques est l'âne sauvage d'Afrique (*Equus africanus*).

ÂNE DU POITOU

Originaire de l'ouest de la France, grand et robuste, il revêt un long pelage hirsute et possède une tête massive, avec de grandes oreilles garnies de longs poils.

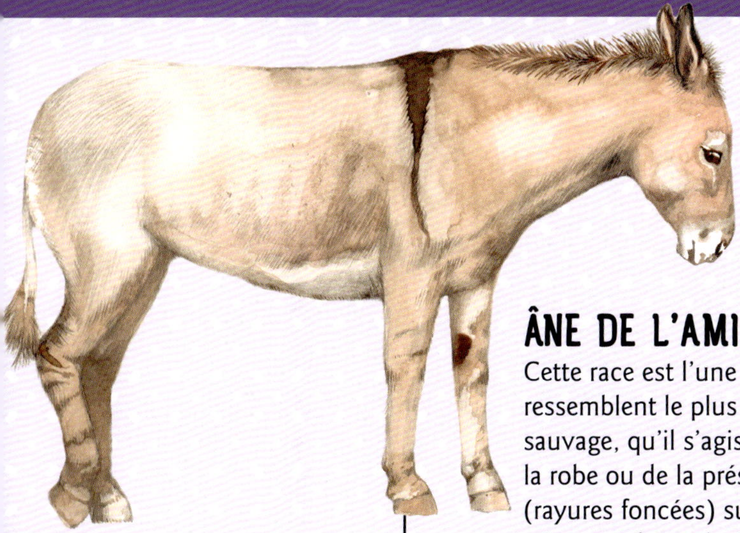

ÂNE DE L'AMIATA

Cette race est l'une de celles qui ressemblent le plus à leur ancêtre sauvage, qu'il s'agisse de la couleur de la robe ou de la présence de zébrures (rayures foncées) sur les pattes et de la raie cruciale sur le dos et les épaules. Originaire de Toscane (Italie), il est surtout utilisé comme bête de somme.

UN HYBRIDE RÉUSSI

Le mulet est issu du croisement entre un âne mâle et une jument. Plus grand et robuste que l'âne, mais plus frugal et résistant que le cheval, le mulet sert surtout à transporter de lourdes charges et évolue avec aisance sur les sentiers de montagne.

L'ANCÊTRE

L'ancêtre des chevaux domestiques n'a pas encore été précisément identifié. Le parent sauvage le plus proche est le cheval de Przewalski (*Equus ferus przewalskii*).

ARABE

Race très ancienne, élevée dans la péninsule Arabique par les Bédouins, des nomades guerriers du désert qui avaient besoin de montures rapides, résistantes et frugales. Nerveux et élégant, le cheval arabe possède des qualités exceptionnelles. La peau fine laisse deviner la musculature sous le poil ras et brillant ; la robe peut être baie, alezane, grise ou noire.

LA LIBERTÉ RECOUVRÉE

Aujourd'hui, en divers endroits du globe, des chevaux retournés à l'état sauvage vivent en liberté. Les plus connus sont les mustangs, les chevaux sauvages d'Amérique du Nord. Ils descendent des chevaux des Peaux-Rouges, des pionniers ou des soldats de cavalerie qui ont échappé à leurs propriétaires ou ont été abandonnés. Ils ont retrouvé la capacité de survivre sans l'aide de l'homme et vivent en troupeaux qui errent en liberté dans les prairies.

SHIRE

Quand tracteurs et camions n'existaient pas encore, les travaux agricoles et la traction des véhicules étaient assurés par de grands chevaux très robustes. D'origine britannique, le Shire est un exemple des races dites « de trait lourd ».
Le bas des pattes, blanc et aux fanons abondants, constitue une caractéristique typique.

LES BOVINS

Les bovins furent parmi les derniers grands mammifères à être domestiqués il y a environ 8 000 ans. Leur ancêtre sauvage, l'aurochs, était un gros animal très agressif, et rendre ses descendants plus dociles ne fut certes pas une entreprise facile pour les hommes préhistoriques. En contrepartie, une fois ce but atteint, les bovins étaient précieux car ils fournissaient le lait et ses dérivés, beurre et fromage, de l'aide pour les travaux agricoles, du cuir et même du fumier pour fertiliser les champs. Comme dans le cas des chevaux, les moyens mécaniques ont désormais largement remplacé le travail des bœufs et les différentes races sont principalement sélectionnées pour le lait ou la viande. *Bos primigenius taurus* (nom scientifique du taureau et de la vache) n'est cependant pas le seul bovin domestique. Ce livre présente également le buffle, domestiqué en Chine il y a environ 6 000 ans, et le yak élevé en Asie centrale pour son lait et utilisé comme bête de somme.

L'ANCÊTRE

Les bovins domestiques descendent de l'aurochs (*Bos primigenius*), un animal puissant à la robe grise ou noire et aux longues cornes, répandu dans les forêts d'Europe et d'Asie Mineure ; le dernier spécimen serait mort en 1627 en Pologne. À partir de 1930, deux zoologistes allemands, les frères Heck, entreprirent de faire « renaître » l'aurochs en croisant des races rustiques. Ils obtinrent un bovin possédant bon nombre des caractéristiques propres à l'antique aurochs : pelage noir chez les mâles et fauve chez les femelles, raie claire sur le dos, grandes cornes recourbées vers l'avant. Baptisé « bovin de Heck », cet animal vit aujourd'hui à l'état sauvage dans quelques zones protégées d'Europe.

ABERDEEN ANGUS

Race à viande très prisée. Sans cornes, elle possède un corps musclé, des pattes courtes et une robe noire.

LONGHORN DU TEXAS

Caractérisés par de très longues cornes (*longhorn*, en anglais), ces bovins descendent du bétail introduit en Amérique par les colons espagnols. La robe est généralement pie. Très dociles, ils sont également chevauchés lors des rodéos.

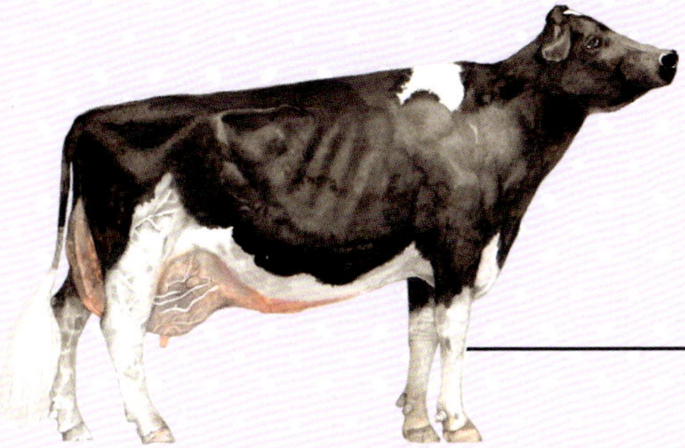

FRISONNE

Race laitière la plus connue et la plus répandue. Originaire des Pays-Bas, elle est aujourd'hui élevée dans de nombreux pays. La robe est pie (blanc et noir) et les cornes sont courtes.

BUFFLE DOMESTIQUE

Le buffle domestique (*Bubalus bubalis*) est le bovin le plus répandu dans toute l'Asie du Sud où, en plus de fournir lait et viande, il est utilisé pour travailler dans les rizières. En Europe, il est élevé surtout pour le lait qui sert à confectionner des fromages très appréciés, comme la mozzarella.

L'ANCÊTRE

L'ancêtre du buffle domestique est le buffle indien (*Bubalus arnee*).

MOUTON ET CHÈVRE

Le mouton et la chèvre sont, après le chien, les premiers animaux domestiqués par l'homme préhistorique. Les premiers témoignages de domestication de chèvres et de moutons sauvages, sans doute dans plus d'une région de l'Asie et du Moyen-Orient, remontent à 10 000 ou 9 000 ans avant notre ère. Leurs descendants sont aujourd'hui répandus en très grand nombre dans le monde entier. La plupart des races de moutons sont élevées pour la laine, le lait et la viande, mais certaines ont aussi été sélectionnées au fil des siècles pour une caractéristique spécifique, pour la qualité de leur laine ou leur lait servant surtout à fabriquer des fromages. Quant à la chèvre, capable de s'adapter à des terrains accidentés et une végétation pauvre en nutriments, elle fournit principalement du lait, certaines races étant également élevées pour leur laine très prisée.

L'ANCÊTRE

Il s'agit du mouflon (*Ovis orientalis musimon*).

LACAUNE

Cette race d'origine française est l'une des plus appréciées pour son abondante production de lait servant à confectionner de délicieux fromages. La petite tête nue et sans cornes possède des oreilles courtes maintenues à l'horizontale.

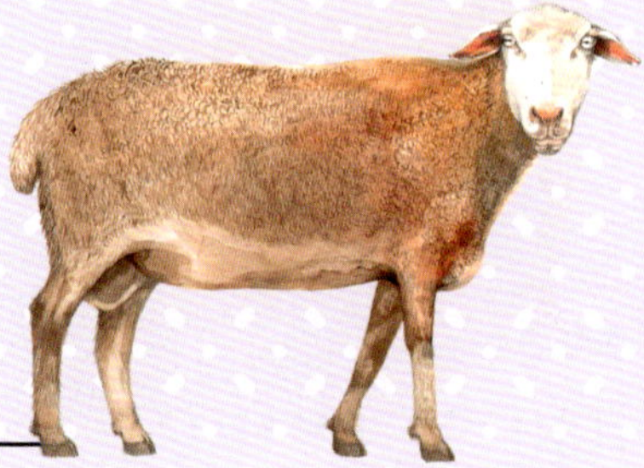

ANGORA

Race très ancienne, originaire de Turquie. La robe aux longues mèches blanches et soyeuses fournit une laine particulièrement prisée appelée mohair. Le mâle porte de longues cornes horizontales en spirale.

JACOB

Vieille race britannique, caractérisée par une toison pie et la présence de quatre, voire six cornes tant chez les mâles que chez les femelles.

L'ANCÊTRE

L'ancêtre des chèvres domestiques est la chèvre du Bézoard (*Capra aegagrus*), répandue en Asie de l'Ouest, de l'Iran à la Turquie. Mesurant jusqu'à 150 centimètres de long et pesant 60 kilos, elle revêt une robe brune, avec des plages plus claires sur les flancs, un cou et une tête tirant sur le noir, le ventre blanc et les pattes noires et blanches. Elle se déplace avec beaucoup d'agilité sur les rochers et se nourrit d'herbes et de feuilles d'arbustes. Les deux sexes ont une barbe fournie et des cornes ; en arc de cercle chez les mâles, elles peuvent atteindre 1 mètre de long, alors qu'elles ne dépassent généralement pas 30 centimètres chez les femelles.

CHÈVRE NAINE

Originaire d'Afrique ou d'Asie centrale (Tibet, principalement). Petite et trapue, avec une robe de diverses couleurs, elle est élevée surtout comme animal de compagnie ou dans les fermes pédagogiques.

CHÈVRE CHAMOISÉE

Comme son nom l'indique, elle ressemble au chamois et revêt une taille moyennement grande. Les cornes sont souvent présentes, y compris chez les femelles. Originaire de Suisse, elle est largement répandue surtout dans les Alpes et est élevée pour la production de lait.

MÉRINOS

Race la plus connue et la plus prisée pour sa laine, originaire d'Espagne où son élevage fut réservé durant des siècles à la noblesse ; son exportation était punie de la peine de mort. Elle est aujourd'hui présente dans de très nombreux pays. La toison est blanche, extrêmement abondante, et le mâle porte des cornes en spirale.

PORC ET LAPIN

Le porc a toujours constitué une ressource fondamentale pour les paysans. Les témoignages préhistoriques nous apprennent qu'il fut domestiqué presque simultanément au Moyen-Orient (Turquie actuelle), en Chine et dans le sud-est de l'Asie il y a environ 9 000 ans. On recense à l'heure actuelle à peu près un milliard de porcs à travers le monde. Le lapin a probablement été domestiqué beaucoup plus tard, il y a environ 2 500 ans. Les lapins sauvages furent tout d'abord chassés, puis enfermés dans des enclos pour fournir de la viande en cas de besoin. Certaines races ont été sélectionnées pour être tondues comme les moutons afin d'utiliser leur poil très prisé, et d'autres, de petite taille, vivent dans les maisons au titre d'animaux de compagnie.

L'ANCÊTRE

Il s'agit du lapin de garenne (*Oryctolagus cuniculus*).

GÉANT PAPILLON FRANÇAIS

Lapin de grande taille pesant au moins 6 kilos et possédant un abondant poil soyeux, blanc avec des taches noires sur les flancs, le museau et autour des yeux, une raie noire sur le dos et les oreilles noires.

ANGORA

Élevée pour la laine, cette race de taille moyenne a un long poil soyeux qui peut atteindre 8 centimètres de long. Les coloris varient, mais le plus apprécié est le blanc.

NAIN BÉLIER

Une des races naines sélectionnées pour vivre dans les maisons au titre d'animal de compagnie. Les différentes races de béliers se caractérisent par de longues oreilles tombantes que le lapin ne peut pas remuer.

L'ANCÊTRE

Il s'agit du sanglier (*Sus scrofa*).

MANGALICA

Appelé aussi cochon-mouton en raison de son poil laineux qui le protège du froid. D'origine hongroise, il est très apprécié pour son abondante production de gras et sa viande particulièrement savoureuse.

CINTA SENESE

Vieille race italienne, originaire de Toscane. Très rustique et résistante, elle est élevée en plein air où elle se nourrit de châtaignes, de glands et des fruits du maquis méditerranéen. La robe est noire, avec une bande blanche tout autour du tronc et incluant aussi les pattes antérieures.

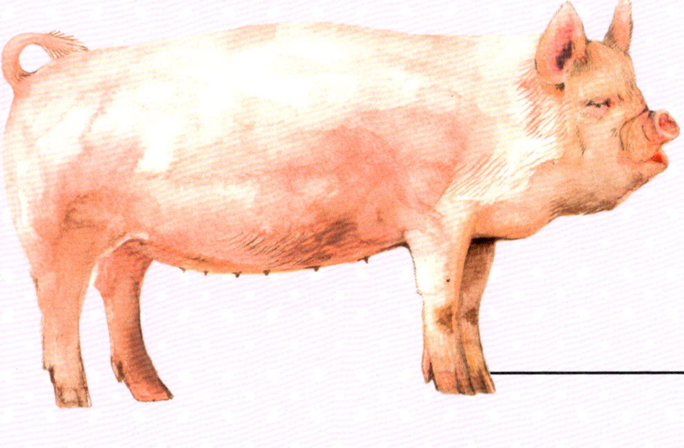

MIDDLE WHITE

D'origine britannique, il a été sélectionné pour l'élevage en batterie et obtenir une très forte production de viande et de lard.

Index